【…………心に響く3分間法話…………】

神も仏も同じ心で拝みますか

譲《ゆずり》 西賢《さいけん》

法藏館

目次

神も仏も同じ心で拝みますか

お念仏は領収書

こころは蛇蝎のごとくなり

念仏の相続

神も仏も同じ心で拝みますか

神も仏も同じ心で拝みますか

二月は、節分の豆まきに代表される、民俗宗教的習慣が華やかな時期です。厄年の男性を対象とした厄払いのはだか祭りなどが、あちらこちらで催されます。それに参加する厄年の人たちは、結構真剣です。自分に降りかかるはずの災難が、厄払いの儀式を受ければ降りかからなくなると、少しは信じておられるからでしょうか。いや、信じるところまではいかないけれど、もしも災難が降りかかったときに、厄払いをやっておけばよかったと後悔したくないからでしょうか。「鬼は外、福は内」の豆まきの掛け声は、まさに人間に共通の欲求の現れです。

でも、私たちが拝む仏さまや神さまは、私たちの行いによって、欲求を叶えたり罰を当てたりされるのでしょうか。私たちは、自分の欲求を充たすために仏さまや神さまを拝んでいるのでしょうか。言い換えれば、宗教とは、仏さまや神さまを利用して自分の欲求を充たすためのものなのでしょうか。

親鸞聖人の教えを依りどころとして生きる私たち真宗門徒は、厄払いを必要としません。

阿弥陀仏のご本願が縁となって、私の身の上にはからってくださることによって、私のいのちや人生が成り立っていると教えられるからです。阿弥陀仏のはからいは、私の欲求に照らせば、都合のいいこともあれば都合の悪いこともあります。それを私たちは、自分に都合のいいことだけを身の上にもらおうと、身勝手に拝んでいるのです。これは、阿弥陀仏の智慧を疑い、信じていない証拠です。親鸞聖人は、『正像末和讃《しょうぞうまつわさん》』に、

　不了仏智のしるしには　如来の諸智を疑惑して
　罪福信じ善本《ぜんぽん》を　たのめば辺地《へんじ》にとまるなり

と諭しておられます。阿弥陀仏の智慧を疑いながら仏さまを拝んでも、心は安らかにならないと説いておられます。阿弥陀仏を拝むのは、この身勝手な私の心に気づかせていただくためなのです。気づかせていただくと、身勝手な欲求は消えませんけれども、その欲求を充たすことのために振り回されることはなくなります。

　私たちが自信をもって生きるのに必要なことは、災いを除き幸福を招きたいという欲求を充たし続けることではなく、生活のすべてを阿弥陀仏のはからいとうなずけることです。このうなずきがあれば、自信にあふれた人生が開かれ、厄払いをする必要はなくなるのです。

家族こそ安らぎの源流

最近、殺人事件や、それに類する事件が多いと思われませんか。さらに怖いのは、その報道に慣らされてしまって、「またか」で済ませてしまう自分がいるということです。

殺人ミステリー小説を地でいくような事件が、どうしてこんなに増えてきたのでしょうか。現代文化の怖さが関連しているように思えてなりません。その一つは、人間がいのちを所有できると錯覚してきたことではないでしょうか。男女の生み分けや、クローン、臓器移植、ゲノムなど、人間が思いどおりに、都合のよいいのちを生み出せるように、科学が進歩してきました。医学・薬学・保健学などの進歩によって、ずいぶん長生きできるようにもなりました。そのことが人間の科学の力で、思いどおりにいのちを扱えると、錯覚させているのです。

この錯覚は、私たちの毎日の生活にも忍びこんでいます。家族に対してもそうです。夫婦も親子も、お互いに、相手が自分の思いどおりになってくれるときには、いい家族だと思います。その証拠に、最近、家族に対していい顔をすることに疲れたと訴える若者が増えています。家族、とりわけ親から押しつけられる条件に応えていかないと、捨てられる不安があるから、自分を抑えて家族に合わせ、いい顔をする若者が増えているのです。

家庭は、そんなに緊張して、いい顔をしていなければならない場所ですか。えげつない本音を吐き出し、お互いに傷をさらけ出して癒し合う場ではないのですか。親が、自分にとって都合のよいいのちを、わが子や年老いた親に押しつけると、家庭が家庭でなくなってしまいます。みなさんの家は大丈夫ですか。わが子や年老いた親に、自分にとって都合のよい家族になることを押しつけてはいませんか。殺人というと、ゾッとしますが、身近な人を平気で抹殺しかねない自分がいることに気づくべきです。

親鸞聖人は、「弥陀の五劫思惟の願をよくよく案ずれば、ひとえに親鸞一人《いちにん》がためなりけり」と、阿弥陀仏のご本願に受容されている絶対的安らぎを表明しておられます。人間は、たった一人でいいから、無条件にあるがままの自分を受容してくれる人との出遇いが必要なのです。誰にとっても、家族が、その一人の人の第一候補であるはずです。その家族が、お互いを条件で縛り、無条件に受け入れ合うことができなくなっているから、追いつめられた閉塞感をもつ若者が増えているのではないでしょうか。今こそ、私たちは、家族関係を再点検してみるべきではないでしょうか。

誕生日は、なぜお祝いするのですか

四月は、私たち仏教徒にとって、とても大切な月です。キリスト教のクリスマスほど国民的行事にはなっていませんが、四月八日はお釈迦さまの誕生日。昔から花まつりと慕われ、お釈迦さまの誕生仏に甘茶をかけて潤す習わしから、潅仏会ともいわれます。また、四月一日は、宗祖親鸞聖人の誕生日です。真宗本廟（東本願寺）では、毎年四月一日、親鸞聖人のご誕生を音楽法要でお祝いしています。

人が誕生するということは、仏さまのはからいを無条件に受けとめたということなのです。生まれる前から、自分は、いつ、どこに、どのように生まれたいと、願うことができた人がいるでしょうか。誰もいません。気がついたら人間に生まれ、生きている自分がいたのです。私を私として誕生させ、こうして生かさせているはたらきを、仏といいます。ですから、私たちは、自分の思いは何もなしに、仏さまのはからいにすべてを任せて生まれてきました。

しかし、成長して青年期にさしかかると、いただいた自分に不満をもつようになります。

すべての人がそうです。私も、「どうしてもっとスタイルのいい男前に生まれなかったのだろう」とか、「どうして寺の跡取りに生まれたんだろう」と、不満に思った記憶があります。不満の内容は人によって異なりますが、いただいた自分をあるがままにうなずけずに、自分の境遇に不平・不満をもって悩むというのが、青年期を生きる若者です。そして、青年はやがて、人生を重ねるにつれて、自分を受け入れるようになっていきます。

誕生日のお祝いは、その年齢まで生きることができたというお祝いだけではありません。生まれたときの自分に帰ることができるお祝いです。意思を超えて、誕生してきた自分の原点を再確認し、その自分を受け入れて生きていける自分を再発見するのです。仏さまのはからいによって生まれてきたそのままの自分で、必ず生きていける私たちです。その自分に確信を持てるから、誕生日をお祝いするのです。

それを、いつのまにか自分の思いや期待にとりつかれて、あるがままの自分を見失い、あげくの果てに、不平・不満だらけの自分になっているのではないでしょうか。誕生日は、仏さまからいただいたあるがままの自分を受け入れ、生き方の軌道を修正して、自分らしく生きていける自己再発見の日なのではないでしょうか。だから、何歳になっても、みんなでお祝いするのではないですか。

「ごちそうさま」に学ぶこと

四月の新年度もやっと落ち着いたころ、学校では、春の遠足シーズンを迎えます。遠足といえば、お弁当です。最近は、レトルト食品やコンビニの普及で、お母さん方のお弁当づくりもずいぶん楽になったようです。

先日、ある小学生が、遠足のお弁当はコンビニ弁当で、お母さんが作ったものではなかったので、「ごちそうさま」といわなかったと話してくれました。また、ある学校では、食前・食後のことばとして、「いただきます」「ごちそうさま」を指導したら、家庭での指導と異なるから、学校でそんなことは教えないでほしいとクレームをつけてきた親がいたそうです。自分たちで働いたお金で買える食材を買って食べているのだから、子どもたちには、人に頼って食べさせてもらっているような、「いただきます」「ごちそうさま」ということばは、教えないでほしいということでした。

「お父さんやお母さんが働いて得たお金で買った食材を、お母さんが料理してくれたのだから、親に感謝しなさい」という気持ちで、「ごちそうさま」をいうとすれば、この小学生のいうことは、とてもよくわかりますし、クレームをつける親の気持ちもわからなくはありません。でも、どちらも大事なことを誤解しています。

「ごちそうさま」は、「御馳走様」と書きます。御と様は敬語です。馳走とは、馬が背中を揺り動かして忙しく走り回る様子を意味します。つまり、私たちがいただく食事には、目に見えないところで尽力してくれた多くの人のお陰さまがあるから、「ごちそうさま」であり、感謝と敬意が示されているのです。生産する人、運ぶ人、料理する人など、すべての人びとの馳走のお陰が、目の前の食事なのです。「目に見えるものだけではなく、目に見えないもののすべてが、私といういのちを支えようと、はからってくれている」というお陰さまの思いがこめられていることばです。

先ほどの小学生も、親も、おそらく、「ごちそうさま」は、食事を作ってくれるお母さんへの感謝のことばだと思っているから、コンビニ弁当には「ごちそうさま」をいわなかったのだと思います。親のクレームはさらに深刻で、自分の働いたお金で食材を購入しているのだから、誰のお世話にもなっていないと考える人が増えているということです。食事をいただくということは、多くの人のお陰さまをいただくということだと、心底気がつくと、自分の心の思い上がりを恥じて、考え方が変化するのではないでしょうか。

五月病に学ぶこと

若葉の季節、五月になりました。一年中で、一番いい季節です。でも、いい季節を喜べるのは、心が充実している人であって、外が華やいで爽やかになればなるほど憂鬱《ゆううつ》になる人もいます。

みなさんは、「五月病」ということばを聞かれたことがありますか。五月や九月に始まることが多いので、こういわれます。特に、高校や大学の新入生や、就職した新入社員に多いといわれます。ベテランの人にも、しばしば見られます。せっかく頑張って入ったのに、学校や会社に行く気がせず、何もしたくなくなるのです。

五月病の主症状は、意欲減退、憂鬱、不眠などです。これらの状態を示す人には、それまでの生活ぶりに共通点があります。「真面目に目標実現に向かって頑張った」ということです。この目標さえ達成すれば、すべてが解決してバラ色の幸福な生活が待っていると信じて頑張った人に多いようです。目標を達成するまでは、目的がありますから頑張れますが、目標を達成したときには、次の目標が見つからなければ、目標喪失ということになります。

あるいは、バラ色の生活になるはずだったのに、あてがはずれて、「こんなはずではなかった」と、戸惑う人にも見られます。日本では、四月は入学や入社直後でバタバタと過ぎますが、五月初めの連休が過ぎたころから、五月病が目立ち始めてきます。

仏教では、「田あれば田を憂う。宅あれば宅を憂う」（『無量寿経』下巻）と教えられています。田圃のない人が、たくさん田圃を持っている人を羨ましく思って、田圃をたくさん持つことを人生の目標にして頑張り、それが実現しても、けっして心は安らかにならないと教えられているのです。田圃をたくさん持つと、今度は、春は田かき・田植え、夏は田の草取りをして、水の守りをして、八十八の手間をかけて、お米を収穫します。とても忙しいうえに、お米が収穫できるだろうかと、いつも空を見上げては不安です。こんなことなら、田圃など無いときのほうがよかったといいかねません。

人間は、「こうなったら絶対に幸福になれる」という状態はありえません。人間が、幸福になれると、勝手に錯覚しているにすぎません。身のうえに降りかかってくる身の事実を受け止め、うなずく心を見つけるしかないのです。若葉の五月なのに、ため息ばかりついている人は、自分で勝手にバラ色の生活があると錯覚していたのではありませんか。

世界に一つだけの花

六月も後半になり、野原や木々の青さが一段と際立つ季節になりました。親鸞聖人は、晩年この季節の草に人間をたとえて、「青草人」と表現されました。生涯最後のうたに、

　我なくも　法は尽きまじ　和歌の浦　青草人の　あらんかぎりは

と詠まれたと伝えられています。野に生える青草のように、人間も姿、形は違っても、それぞれが特徴をもち、誰が良いとか悪いとか、優れているとか劣っているとかはなく、皆青草のように同じだよと説いておられるのです。

でも私たちは、テストの点数や職場の地位など、人と比べて、少しでも自分が上になろうと、もがいています。まさに優勝劣敗は人間の本能ですから、相手より上回ると得意になり、負けるとひがんだりの繰り返しです。比べる必要がないのに、比べて自分が優れていることを確かめたいのが私たち人間です。それゆえ苦しむしかないのが私たちです。人気グループのスマップが歌って大ヒットした「世界に一つだけの花」は、すべての人が自分に「ナンバーワンになれなくてもいい、そうさ僕らは特別なオンリーワン」と、いい聞

かせたかったから大ヒットしたのかもしれません。

みなさんは、「我慢」ということばを、よくご存じですね。一般に「我慢する」とか「我慢強い」というと、よく耐え忍んで辛抱する様子、忍耐力が強いという意味に用いられますが、「我慢」という語は仏教語で、本来の意味は、一般の意味とは正反対です。

仏教では、人間の思い上がった心を、七つの「慢」で表しています。その一つが我慢です。つまり、我慢とは、自分をよりどころとして心が高慢であること、自分を頼んで自ら高しとして思い上がっている様、うぬぼれた様を意味します。ですから、一般に使われる「我慢」は、自分の思い上がりに気づきなさいという指摘を意味しています。

親鸞聖人が、人間を青草人とたとえられたのは、人間が仏教語に説かれている本来の意味での我慢の存在であるからです。誰が上でもなければ下でもなく、みなそれぞれの個性をもって生きているのに、思い上がりの心、つまり我慢の心が強いから、人と比べて自慢したりひがんだりするのです。

「人間は、思い上がりの心が強く、うぬぼれてしまうから、青草である自分を忘れずに生きるしかないんだよ」と親鸞聖人は、やさしくささやいてくださっているのではないでしょうか。

夏休みから気づくこと

私は、人生を夏休みにたとえることができると思っています。休みに入った当初は、誰も勉強したくありません。自分のやりたい遊び・旅行、部活動などに夢中になり、休みを謳歌します。でも、八月のお盆が過ぎて後半になってくると、カレンダーが気になり、いやいやながら宿題を完成させようとします。人生も同様だと思いませんか。若いころは、仕事・子育て・レジャーなどに夢中になり、自分の求めることを実現しようとします。でも、人生も後半になって、定年退職や病気・老化、そして死ということを意識するようになると、自分はどう生きるべきか、このままの生き方でいいのかなど、考えようとするのではないでしょうか。

つまり、人間は、催促されて初めて、自分に課せられた本当の宿題に立ち向かうことができるのです。催促されないと、自分の求めるものしか見えないのが人間です。夏休みに限りがあるのは、子どもたちにとってはつらく感じますが、そのお陰で本当の課題である宿題に立ち向かえるのです。カレンダーが催促してくれるから勉強できるのです。自分から好きで勉強する子は、一人もいないと私は思っています。

人生は、好きなことができ、すべてが順調に思えるときは楽しいものです。それも間違いなく人生です。でも、それだけでは人生は成り立ちません。仕事や対人関係のトラブル、病気・ケガ、定年退職、愛しい人との別れなど、私たちにとって苦しみであると思えることが届いてくれるから、それが催促となって私たちは、自分の人生を、いのちを見つめることができるのです。親鸞聖人は、

如来の作願《さがん》をたずぬれば　苦悩の衆生をすてずして
回向《えこう》を首《しゅ》としたまいて　大悲心をば成就せり

と『正像末和讃』に説いておられます。私たちは自分の都合のいいことしか求めないから、法蔵菩薩が本願をたてて仏となられた阿弥陀仏は、私たちには苦悩としか思えないことを届けて、真実に気づかせてくださっているということです。それが阿弥陀仏からいただく大悲というご催促なのです。

私たちの人生を取り仕切り、演出してくださるご催促をもった用《はたら》きを仏といいます。この用きがあるから、私たちは、楽しいことだけではなく、苦しいこととも向き合い、やがて真実を受けいれて、本当の自分の生き方と出遇うことができるのです。

お盆はいのちの洞察日

「お盆」は、インドから仏教とともに中国を経て七世紀ごろに日本に伝わり、室町時代以降には、一般の人びとの生活の中に根付いていたようです。この「お盆」にまつわる行事は、地域や宗旨などにより、さまざまな習わしがあります。もっとも共通しているものは「盆踊り」でしょうか。室町時代に始まった当初は、念仏踊りだったようです。櫓《やぐら》を中心に、その周りを輪になって踊るのが一般的ですが、組に分かれて町を練り歩く「阿波踊り」のような行列方式もあります。

雑多な日常生活から、一時的ではあれ解放されて、多くの盆踊りに用いられる太鼓の音や切々とした節回しから、みなさんは何を感じられますか。ゆったりとした流れの踊りの輪に身をまかせながら、「このふるさとの人びととの絆の中で私が育てられてきたのだ」と、私というこのいのち、自分自身を確認するのではないでしょうか。

また、身近に亡くなられた人を偲び、「懐かしいあの人は、いのちのふるさとのお浄土へ還られたのだ」ということを再認識し、「もし生きていてくれたら」という思いを断ち切り、辛いことに目を向け、それを引き受けていくしかない私であると、自分にいい聞かせる意味もあるのではないでしょうか。

お盆は、真宗では正式には「盂蘭盆《うらぼん》」といいます。原語は、ウランバナで、逆さ吊りの苦しみと訳されます。私たち人間は、生活の中でいのちの真実をねじ曲げ、自分の思いを優先するという逆さまの価値観であるから苦しむのだと教えられているのです。

神通第一といわれた目連《もくれん》尊者が、亡き母が餓鬼道に苦しんでいることを神通力で知り、神通力で必ず救えると過信して救おうとしたものの救えず、師であるお釈迦さまから「汝一人の及ぶところにあらず」と諭され、安居の終わる七月十五日、ウランバナ地方の僧侶に自らが供養を受けたことに、お盆は由来します。

阿弥陀仏から願われ、いただいたいのちを、「自分の思いどおりに生きられるいのちと逆さまに受け止めている私であった」と気づいてくださいというご先祖からのご催促が、お盆なのではないでしょうか。お盆は、自分のいのちを深く洞察する日なのです。今年のお盆、みなさんはどんな心で過ごされますか。

ＰＴＡ会長を利用する心

夏休みも後半になりました。昨年のこの時期、私は、とても思い出深い経験をしました。昨年度、末っ子の長男が小学校六年生であったことから、私はＰＴＡ会長というご縁をいただきました。

あれは八月の第三日曜日のことです。ＰＴＡの行事として、親子で運動場の草取りをする奉仕作業が、早朝の七時から二時間ほどありました。ＰＴＡの行事ですから、ＰＴＡ会長の挨拶で始まり、ＰＴＡ会長の挨拶で終わる草取り作業です。普段、草一本も抜いたことのない私でしたが、その日は早くから用意を整えて、小学校へ出向き、みなさんにお願いの挨拶のあと、汗だくになって時間いっぱい草取りをしました。人一倍汗っかきの私です。当日偶然でしたが、色の濃いスウェットの上下を着ていました。作業が済んで、みなさんの前に立って挨拶をしようとしましたら、どよめきが起きました。私の汗で色の濃いスウェットスーツが変色し、全身汗まみれであることが伝わったからです。このときほど汗っかきであることを感謝したことはありません。

作業が済んで家へ帰ると、妻が玄関先で出迎えてくれて、「草取り、お疲れさまでした。こんなに汗をかくほど運動場の草取りができたのだから、明日からは、うちの境内の草も取れますね」と、ニヤリと微笑みながらいいました。このときほど怒りを感じたことは、かつて一度もなかった私です。

小学校の運動場の草取りができたのですから、結果はよかったのかもしれません。でも、私の心は、「草取りはイヤイヤ」でした。PTAの会長でなかったら、奉仕作業にも参加していなかったでしょう。「いいPTA会長さんね」といわれたい心一つが、汗だくになるまで私に草取りをさせたのです。私の心には、草取りの奉仕作業を率先する美しい心は微塵もなく、草取りの奉仕作業を利用して、いいPTA会長という評判がほしかったのです。

親鸞聖人は、人間の心の本質の一つを「名聞《みょうもん》」と表現されました。名聞とは、人の評判を気にして、人から良く思われたいという心です。すべての人に、この心は存在します。私たちは、この名聞の心にずいぶん支配されて行動しているのではないでしょうか。この心の存在を否定するのではなく、「この名聞の心に振り回されて生活するしかない自分である」と自覚することが大切なのです。

ご先祖はなぜ大切ですか

「ご先祖は大切」と、ほとんどの人は感じています。そのご先祖が、生きておられるうちは、何か意見をされるとムカついたり、腹が立ったりしたのに、亡くなると大切にする私たちです。では、なぜご先祖は大切なのでしょうか。

多くの人は、「自分がこの世に生まれてこれたのは、ご先祖のお陰」と答えられます。そのくせ、今のままの自分に満足しているわけでもありません。「こんな顔や体型では嫌だ」とか、「あれも欲しい、これも欲しい」や「あれはイヤ、これはイヤ」があって、心底ご先祖に感謝しているわけでもないようです。

それでも、自分の思いや期待の実現のためには、ご先祖の力が必要であると、漠然と感じているようです。俗にいう「罰が当たらないように」、あるいは「願いごとが叶うように」ご先祖を大切にしているのではないですか。言い換えれば、自分の欲求を充たす道具として、体裁よくご先祖を大切にしているのではないですか。これは間違っています。

親鸞聖人は、中国の道綽《どうしゃく》という先生のことばを引用して、

前《さき》に生まれん者は後《のち》を導き、後に生まれん者《ひと》は、前《さき》を訪《とぶら》え、（「化身土巻」末）

と述べておられます。訪うとは、尋ねて教えてもらうという意味です。つまり、ご先祖にいのちの真実を尋ね、ご先祖にいのちの真実を教えてもらえるから、ご先祖は大切なのです。

どんなに「俺が、俺が」と思っていても、縁が届けば、白骨となる身ですよと、自らが白骨となって、いのちの真実を教えてくださるのが、ご先祖です。そのいのちの真実に気づかず、「俺が俺が」とか、「思いどおりに」とかの思いを充たそうと、私たちは生きているのです。そして、思い違いした上に、その思いを実現する道具として、ご先祖を利用しようとしている私たちではありませんか。

真宗のお寺で永代経をお勤めするのは、今を生きる私たちが、自分の身勝手さに気づかせていただき、いのちの真実をご先祖から教えてもらうためです。慶円寺では、今年も三月には十六日から三十一日まで、九月には一日から十五日まで、永代経をお勤めします。ぜひご参拝ください。

つかの間の幸せ

『無量寿経』下巻の中に、
念《おも》いを累《かさ》ね慮《おもんぱか》りを積《つ》みて、心《しん》のために走《は》せ使《つか》いて、安き時あることなし。

ということばがあります。「ああなりたい、こうなりたい」という心ばかりに振り回されて、ただ闇雲に走り回り、まったく心が安らがないのが人間ですよという教えです。

「ああなりたい、こうなりたい」という思いは、そのつど変わるのが人間です。確かに、一つ思いが満たされれば、また別のさらなる思いが湧いてきて、心安らぐことなく、きりがなく走り回っている私たちです。たとえば、病気をすると「病気が治ったら、さぞ幸福だろうな」と思いますが、いざ病気が治ると、幸福を感じているのはしばらくのあいだで、すぐに新たな思いが湧いてきて、病気が治ったことは幸福ではなくなってしまいます。

私は、二年前に声がまったく出なくなり、入院して声帯ポリープの手術を受けました。住職と大学教員の生活の毎日ですから、声が出ないのは本当に困りました。声が以前のように出たら、どれだけ幸せなことだろうと思いました。幸い手術も成功して、二週間の入院で声も回復しました。声が出るようになって幸せを感じていたのは、わずか一週間ほどだったでしょうか。すぐに子どもたちにも、「ああしなさい。こうしなさい」といい始めた気がします。しばらくして、子どもから「お父さん、声が出なかったときのほうが、静かでよかった」といわれた記憶があります。人間って、みんなこうなのではありませんか。

師走《しわす》ということばは、師匠つまり先生や僧侶も忙しく走り回るときを意味します。年末に向かって、みんながあわただしくなるということです。一年を振り返って、来年こそ、「ああなりたい、こうなりたい」という思いが高まって、ますます忙しくなる時期なのかもしれません。

こんなときこそ、私たち真宗門徒は、「心のために走せ使いて、安き時あることなし」という教えを自覚すべきではないでしょうか。「忙しい」を口癖にしているお父さん、お母さん。自分を忙しくしているのは、家族や仕事ではありませんよ。きりのない自分の思い、心であると、気がついておられますか。師走だからこそ、静かに落ち着いて、自分の心を見つめ直してみてはいかがでしょうか。

お念仏は領収書

お念仏は領収書

新年明けましておめでとうございます。

もうお内仏とお寺への初詣はされましたか。やっぱり今年も、たくさんの願いごとが叶えられますようにと拝んできましたか。どうしても「幸福をください」と頼んでしまいますか。「幸福をください」ではなく、「今の私をいただきました」と、お礼をいって一年を始めるのが、真宗門徒の初詣ですが、なかなかそうは拝めませんかね。

慶円寺がある、この落合という集落には、昔から変わった新年の風習があります。それは、新年の初詣に出かけて、お寺や神社、あるいは途中の村中で出会った人とは挨拶を交わさないという風習です。

落合には、二つの真宗寺院と二つの神社があります。新年になってお参りをする人たちは、道で出会っても、新年だけは挨拶をしません。まず仏さまと神さまに挨拶してから一年を始めるということのようです。お参りの済んだ人は、挨拶してもいいのですが、これからお参りする人は挨拶するわけにはいきませんから、挨拶をしない風習になったようです。ですから、落合では除夜の鐘も聞こえませんし、人の声もしません。日本一静かな新年を迎える集落かもしれません。

落合にかぎらず、みなさんも、ご法事などの仏事で親戚や知り合いのところへお参りに行かれたとき、仏間に入って、まずお内仏に合掌礼拝してから、ご当家の方にご挨拶をされますね。これが正しい挨拶の仕方です。このしきたりには、とても大切な意味があります。

落合の新年の風習や、ご法事での挨拶は、まず仏さまを拝み、お念仏申すことを最優先しているということです。このお念仏は、「願いごとが叶いますように」ではなく、「阿弥陀仏のはからいによって、生かさせていただいています」というお礼を申すことを意味しています。

たとえていえば、真宗のお念仏は、「幸福をください」という請求書を阿弥陀仏に差し出すのではなく、「今の私をいただきました」という領収書（証明）を阿弥陀仏にお届けすることなのです。今年一年、私たちの思いからすれば、必ずしも嬉しいことばかりではないかもしれませんが、阿弥陀仏がくださるいのちにうなずき、そのいのちの可能なかぎりで努力し、精一杯に生きていこうではありませんか。

北枕は健康法

みなさんは、どの方角に頭を向けて寝ていますか。北向き、いわゆる北枕で寝ることに抵抗はありますか。多くの方は避けているようです。俗に、人が亡くなると北枕にしてご遺体を安置します。したがって、「北枕はご遺体の姿だから、自分が死ぬみたいで嫌だから、北枕だけはやめよう」という理由のようです。

少し昔のことですが、子ども奉仕団で、京都の東本願寺へ子どもたちを引率して行ったときのことですが、夜、布団を敷くときに、「先生、北はどっち」と小学生から尋ねられました。一般家庭においても「北枕はダメ」という観念は、かなり普及しているように思えます。

これは、誤解であり、迷信です。結論からいうと、体には、北枕で寝るのが一番いいのです。ですから、今夜からは北枕で寝てください。

北枕は、お釈迦さまに由来します。お釈迦さまは、今でいう食中毒によって八十歳で亡くなられました。食中毒を少しでも治そうとして、一番体にいい姿勢で寝ておられた姿が、頭北面西右脇《ずほくめんさいうきょう》といわれる姿勢です。つまり、頭を北に、顔・体を西に向け、右脇を下にした姿勢です。地球上では、体を南北に横たえると磁力線を一番たくさん体に受けることができます。右脇を下にして横たわると、胃にも心臓にも負担がかかりません。もっとも体にいい姿勢で食中毒を治そうとされたのですが、残念ながら、そのまま亡くなられました。ですから、お釈迦さまの涅槃像は、頭北面西右脇で描かれているのです。

人は、亡くなると、お釈迦さまにあやかって、北枕にします。これは、法名にお釈迦さまの弟子、仏弟子を表すお釈迦さまの「釈」の字を用いるのと同じです。法名は死んでからのものではなく、仏弟子として生かされていることを自覚すべきものです。ですから、おかみそりは、生前に受けます。

もうおわかりですね。北枕は、生きているうちに意義のある姿勢です。健康法だと思ってください。そして、お釈迦さまの弟子、仏弟子として生かされている自分を毎日自覚してください。お釈迦さまのご命日は、二月十五日です。この日は、仏教では、涅槃会《ねはんえ》というお勤めをします。

優勝劣敗の呪縛

二月九日からアメリカのソルトレークシティで、冬季オリンピックが開催されました。オリンピックというと、メダルを獲得した選手が英雄扱いをされるなかで、そうでなかった選手は可哀想に見えます。今回も、二大会連続でメダリストの清水、里谷両選手は、インタビューの嵐でした。惜しくもメダルを逃した本田選手や岡崎選手は、英雄扱いはされませんでした。勝ち負けの結果だけで判断し、対応の仕方が異なるマスメディアの扱い方は、ひどくて醜いと思われますか。

でも、このことは、見ている私たちの本音だと思いませんか。参加することに意義があり、個々の選手が最善を尽くし、お互いの健闘をたたえあうのがオリンピックだと、頭ではわかっていても、私たちには、メダルを獲得した選手が英雄に見えます。メダルを獲得できたか、できなかったかによって、選手の扱われ方に、どうしても差が生じるのです。

私たちは自分や自分の家族の人生を、オリンピックのメダルと同じように見ていることに気がついていますか。学校やクラブの成績、高校や大学のランク、就職してからの出世ぶりなど、必ず誰かと比べたりして、自分や家族が「勝った」「よかった」と思えると、機嫌がよくなって、「どんなもんだい」と威張りたくなります。逆に、思いどおりにならなかったときには、ひがんだり、落ち込んだりします。それが私たち人間の心、優勝劣敗の心です。

親鸞聖人は、この私たちに、

煩悩具足のわれらは、いずれの行にても、生死《しょうじ》をはなるることあるべからざるをあわれみたまいて、願をおこしたまう本意、悪人成仏のためなれば、（『歎異抄』三条）

と、阿弥陀仏のご本願を説明されました。阿弥陀仏は、「勝ちたい、負けたくない」という本音に縛られている私たちだから、勝てない事実を私たちに届けてくださるのです。勝ち続けることはできないし、負けても自分は周囲から受容され、存在できることを経験させてくださいます。勝たなければならないという条件の呪縛から解き放してくださいます。そして、「人と比較した勝ち負けや上下で判断してしまうのが私である」と気づくことができるのです。本音は、比較している私だから、人間の本当の存在価値を間違えてしまう自分だと自覚して初めて、私たちは勝ち負けに縛られずに、人間を受け止める道が開けるのです。阿弥陀仏は、こうして私たちを救ってくださるのです。

仏さまというはたらき

最近はあまり聞かなくなりましたが、昔から「一粒のお米にも仏さまがおられる」といい伝えられてきました。だからといって、科学的に実証しようと、米粒を切り刻んで顕微鏡で覗きこんだ人はいません。その心を、みんなしっかりと理解していたのです。一つ一つの米粒そのものが、仏さまのはからいのお陰であるということです。

私たち人間は、自分が籾《もみ》を蒔き、田植えをし、水の守りして、田の草取り、稲刈り、脱穀をして作った米粒だと、思い上がります。人間から見れば、確かにそう思えます。でも、籾があり、陽ざしがあり、雨が降り、お米を必要としてくれる人がいて、そのほかにも、たくさんの条件が満たされて、初めて米粒ができたのです。このすべての条件を整えてくれるはたらきを仏さまというのです。

仏さまのはからいのお陰で作らせていただいた米粒なのに、自分の力で作り上げたと思い上がる人間の心を戒めることばが、「一粒のお米にも仏さまがおられる」といういい伝えです。

一つの米粒でさえ仏さまのお陰ですから、私たち自身のいのちも、当然仏さまのお陰です。大袈裟にいえば、四十数億年前に地球を造り、三十億年ほど前に生物を生みだし、その後進化に進化を重ねて、五、六百万年ほど前に人間を地球上に生みだすという準備を整えて、今日の私が生きられるようにしてくださった、そのすべてのはからいを仏さまというのです。生まれる前に、今の私に生まれたいと願って、自力で生まれてきた人はいません。仏さまのはからいのお陰で私が生まれ、生かされて、私といういのちが、今ここにあるのです。

ご飯を食べれば、私たちが指示しなくても、胃や腸は働いて、栄養を吸収します。寝ているあいだも、心臓は動き、肺は呼吸をしています。このはたらきが仏さまであり、このお陰で、私といういのちがあるのです。

私たちは、自分のいのちは自分のものだと思い上がっていますが、そうではないのです。私を私のいのちとして、生かそう生かそうとしてくれる仏さまのものなのです。仏さまを忘れて、自分の思いにばかり照らして、威張ったり、ひがんだり、得意になったり、落ち込んだりしてはいませんか。

居るだけで迷惑な私

私は、住職と大学の教員をしています。ですから、自宅で昼食を食べることは、ほとんどありません。土曜日、日曜日は、法事などのお斎、平日は大学で食べます。でも、春休みや夏休みの平日は、自宅で昼食をとることもあります。

春休みの先日、私が家にいましたら、妻が「今日、お昼はどうするの？」と聞きました。「うちで食べるよ」と軽く答えましたら、「食べるの」と、心底迷惑だという顔をされました。私のほうは、「まあ嬉しい、今日は家でご飯を食べてくれるのね。じゃあ、気合いを入れて作りますね」と、そのくらいのことをいわれて当たり前だと思っていましたから、この迷惑顔は、まったく意外でした。それくらい私は、思い上がっているのです。その私が、家でご飯を食べること自体が迷惑だったのだと、教えてもらったわけです。

入学試験・就職試験に合格して、四月から新生活を始められた方も多いと思います。合格することは嬉しいことです。「おめでとう」のことばがよく似合います。でも、合格した人がいるということは、誰かが落ちているということです。合格した人は、不合格の人に迷惑をかけているともいえるのです。

真宗は、「清く正しく美しく、人に迷惑をかけない人間になれ」という教えではありません。それは、道徳です。「あなたは間違いをし、失敗をし、人に迷惑をかけて生きていますよ」と、教えてくれるのが真宗です。教えが届くと、「迷惑をかけていた自分を、まわりの人が耐えて、許してくれていたのだ」と気づくことができます。すると「私もまわりの人の迷惑に耐え、間違いも許してあげよう」という世界が広がってきます。これが仏さまの世界です。

でも私たちは、「自分ほど家族や隣近所や職場に尽くして、耐えている人間はいない。我慢している人間はいない」と、思い上がっています。ましてや、「自分こそが迷惑をかけていたのだ」とは、なかなか気がつけません。そんな私たちに、仏さまのほうから、「気がつけよ」と、いろいろな縁となって、はからってくださっているのです。

さしずめ、お昼に迷惑顔をしてくれた妻は、私にとっての仏さまなのでしょうか。まずは、身近な家庭や職場で、自分を見つめ直してみてください。

一生罪悪生死の凡夫

　先日、あるお婆さんが、「やっぱり病院は、名古屋の大きな病院へ行かなあかん」といって、安堵して来られました。そのお婆さんは、老人性の視力障害のために、ずいぶん目が見えにくくなってきたので、名古屋の専門病院を受診してこられたということでした。「家にいると、なんで自分ばっかり目が見えにくくなったのかと落ち込んでいたけれど、名古屋の大きな病院へ行ったら、目が見えにくくなったお年寄りがたくさんいて安心した。そして、自分より重症の人もたくさんいることがわかって、うれしくなってきた」ともおっしゃっていました。

　みなさんにも、似たような経験はありませんか。病院へ行って受診すると、自分より病状の軽い人より重い人を好きになりませんか。テレビなどで遠くの災害が報道されると、「気の毒になあ」と思うのと同時に、「自分たちは幸福だなあ」と感じたことありませんか。

　私たち人間は、他人の幸福よりも不幸を待ち望んでいる生きもののようです。自分より惨めで、劣っている人と比べることが大好きなのです。学歴社会も市場原理も、みんな自分より劣った人をたくさんつくって、自分がいい思いに浸りたいということでしょうか。人間の努力は、「他者より恵まれた存在になりたい、負けたくない」という気持ちに基づいているということでしょうか。

親鸞聖人は、こうした私たちを罪悪生死の凡夫と説明されました。みんな人間は、この罪悪生死の凡夫から抜け出すことはできないといわれます。人を見下ろして、いい気になりたいのが私たちなのです。「上見て暮らすな、下見て暮らせ」というのは、自分よりも不幸な人を見つけたときに安心できるという人間の本性を利用したものです。ですから、このお婆さんは、とても正直な姿を示しておられるのです。

浄土真宗の教えがわかるということは、「私こそいつも罪悪生死の凡夫として生きているなあ」と自覚するしかないということです。勝って威張って周囲から非難されたり、負けて悔しい思いをして、「勝ちたい、負けたくない」という優勝劣敗、勝他の心の存在に気づき、やがて、それらが苦悩の根源であったと気づけるのです。努力の原動力であり、苦悩の根源でもある優勝劣敗・勝他の心を、消し去ることはできないのです。ですから人間は、罪悪生死の凡夫から抜け出すことはできないのです。

当たり前という前掛け

みなさんは、前掛けをされたことがありますね。そして、前掛けをしたまま人前に出ることは望ましくないということも、ご存じですね。真宗においては、前掛けしたまま教えを聞くことは、大間違いとされます。お寺の本堂や、お内仏にお参りされるときは、絶対に前掛けをはずしてください。

昭和二十九年に七十八歳で亡くなられた、真宗大谷派の元宗務総長暁烏《あけがらす》敏《はや》先生に、こんな逸話があります。暁烏先生は、晩年、目がご不自由でした。あるとき、ご門徒の方々を前にして法話をされるときに、真っ先に、「どうかみなさん、前掛けをとって聞いてください」といわれました。すると、あるご門徒が、

「先生は、目がご不自由ですから見えないでしょうが、みんな前掛けははずして、一枚着物を着替えて聞いております」

と、間髪入れずにいわれたそうです。すると暁烏先生は、

「その前掛けは、もちろんのことだが、当たり前という心の前掛けをはずすようにして、

聞いてください」

といわれたそうです。真宗の教えを聞く姿勢を示してくださったことばです。

蓮如上人は、『蓮如上人御一代記聞書』一九五に、

人のわろき事は、能く能くみゆるなり。わがみのわろき事は、おぼえざるものなり。

と指摘されました。自分の心を見つめることは、なかなかむずかしいものです。

ですから、いい着物を見せるために前掛けをはずすわけではありません。仏さまの教えを聞くということは、自分のあるがままの心を見つめることです。前掛けをして、自分の本音・あるがままの心を隠して聞いていたのでは、何にもなりません。あるがままの自分を教えに照らしてみると、すべてを「当たり前」と受けとり、「おかげさま」と受け取れない自分の心が見えてきませんか。

毎日の生活を、すべての人の「おかげさま」と受け取れば、喜びの心が湧いてきます。いろいろな人のおかげさまも、「当たり前」と受け取れば、不満ばかりが募ります。真宗の教えを聞いて、私たちは、すべてを当たり前と受け取る自分の心に気がついて、それをおかげさまと転換する自分に生まれ変わるのです。

ですから、真宗では、お参りするときには、必ず前掛けをはずすのです。

ペットブームに潜む家族の危機

六月になって、わが家は憂鬱に落ち込んでいます。一年九か月になる飼い猫が、行方不明になってしまったからです。いつものように遊びに出てそれっきり、もう二週間になります。「どこかで車にはねられたのかな」などと、よからぬ想像をして、ますます落ち込んでいます。猫とはいえ、すっかり家族の一員なのです。

ふと思いました。飼い犬や飼い猫が死んで、お葬式とまではいわないまでも、「お経をお願いします」と、しばしば頼まれます。家族の一員として情がうつっていれば当然だなあと思います。ですから、私は、そういう依頼を断ったことはありません。しかし、内心は複雑です。

親鸞聖人は、道綽《どうしゃく》禅師のことばを引用して、「後《のち》に生まれん者《ひと》は、前《さき》を訪《とぶら》え」といわれました。先に亡くなった人に、いのちの真実を教えてもらいなさいといわれるのです。それに対して、ペットの場合はどうでしょうか。あくまで、飼い主である人間の思いどおりに従うから、可愛いのです。わが家では、子どもたちが、「お父さんの相手をしてくれるのは猫だけやなあ」と、冷たく皮肉ります。ペットは、私たち人間の身勝手な心の道具になっているから可愛いのです。死んで「お経を読んでやってください」という心は、「よく私の心を慰めてくれた、ありがとう」が、せいぜいではないでしょうか。場合によっては、「罰を当てないで」という思いでしょうか。その翌日には、もう別のペットを飼っていたりするのです。

ペットに私たち人間が教えられるべきことは、ペットを可愛いがることをとおして、自分勝手に自分の心を癒したり慰めたりする人間の横暴さではないでしょうか。ペットそれ自体ではなく、自分を一番可愛いがっている自分に気づくべきです。ひょっとしたら、ペットだけではなく、自分の子どもや孫を愛するふりをしながら、ペットと区別がつかなくなっているような人はいませんか。

最近は、ペットブームといわれますが、その背景には、思いどおりにならない家族関係や人間関係から逃避して、ペットに癒しを求めている人が多いのではないでしょうか。家族が、お互いの感情をぶつけ合い、心底理解し合うことを避けているのではないでしょうか。ペットブームから、家族の危機を教えてもらっているのかもしれません。

豆を蒔くなら三粒蒔け

七月九日から十日にかけての台風六号には驚かされました。家屋や田畑の冠水などで被害を受けられた方々もおられると思います。「こんな被害は、なかったらいいのに」と思いますが、ときとして自然は惨《むご》い仕打ちをくれます。

九州には、昔から「豆を蒔くなら三粒蒔け」といういい伝えがあるそうです。この心をどのように受け取りますか。今日の価値観からすると、「万が一、途中で枯れてしまうといけないから、予備として三粒ぐらい蒔くべきだ」ということでしょうか。ところが、そうではないのです。人間が豆を蒔いて収穫するには、自然と共に生活すべきというのが昔の人の知恵です。一粒は人間のために、一粒は空を飛ぶ鳥のために、そして、もう一粒は土の中の虫のために、豆を蒔くべきだということです。鳥が害虫を捕らえ、その鳥の糞が肥料にもなります。土の中の虫は、バクテリアなどを発生させて、土を肥やします。そうすると、人間が収穫する豆は、よく肥えたおいしい豆になるということなのです。「自分が豆を蒔いて収穫するから、全部自分のものだ」というのではなく、自然と共存して、自然に育ててもらうという価値観です。目先だけを見れば損をするように思えても、自然と共に生きることを見失わなければ、人間は絶対に損をしないのです。

自然の摂理をねじ曲げて、人間の思いどおりに生活しようとすると、自然は私たちに、その思い上がりは間違いだと教えてくれます。地球は人間の所有物ではなく、地球の上に人間が住まわせてもらっているのです。地球温暖化に代表される環境破壊の問題は、人間の目先の快適さを求め過ぎた愚かさを地球が戒めてくれているのです。そのことに気づけた今こそ、人間の文化を見直すべきです。

私たちのいのちも、自分の所有物ではなく、いのちの上に私という思いがのっかっているのです。いずれも、私たちの思いどおりにはできないものです。それを思いどおりにしたい私たち人間がいるのです。ときとして、つらく悲しい経験を経て、このいのちの真実にうなずける私たちにしていただけるのです。自分の人生を見直すには、自分の思いだけではできません。私たちの思い違いを気づかせるはたらきがなければできません。このはたらきが、仏さまなのです。

この台風六号に、私は「豆を蒔くなら三粒蒔け」ということの意味を改めて教えてもらいました。

あわれなるかなや

八月二十六日は、慶円寺の前住職である私の父親の祥月命日で、今年は二十三回忌に当たります。過ぎてしまえば早いものです。父親は、胆石と胆管癌の手術から劇症肝炎を併発して、五十七歳で亡くなりました。劇症肝炎にもめげず、亡くなる直前まで意識はありました。最期のことばは、「あわれなるかなや」でした。この「あわれなるかなや」ということばは、報恩講に拝読する『御俗姓《ごぞくしょう》御文《おふみ》』や『式文《しきもん》』の中にあることばです。ですから、父親も何度も何度も口にしたことばです。

私は、この父親の「あわれなるかなや」について、つい最近まで、「五十代で死んでいく自分は無念だ。あわれだ」といい残して死んでいったのだろうと思っていました。

でも、私は今、父親にとても申しわけなかったと思っています。父親の遺言ともいうべき大切なことばの意味を取り違え、父親の心を無にしていたと気がついたのです。父親のことばが自分の無念さを表していると受け止めると、「あわれなるかなや」は、私には、まったく関係なく父親自身のことで終わってしまいます。

しかし、そうではなかったのです。父親が、自分のことではなく、残される私に「あわれなるかなや」と叫んでくれたのです。「死んでいく父親があわれだ」と思っている私を「あわれだ」と教えてくれていたのです。人のことばかりに目を向け、自分の心といのちの真実を見つめようとしない私だと教えてくれていたのです。「お前も死ぬべき身を生かされているのだぞ」と教えてくれたのです。

私たちは、入院している人をお見舞いするとき、「どうぞ、お大事に」といいますね。これは変だと思いませんか。相手の方は、自分を大事にしているから入院しているのです。その人に対して「お大事に」とは、なにごとでしょうか。この「お大事に」は、入院している人が、見舞っている私に「お大事に」といわせて、気づかせてくださることばなのではないでしょうか。自分を棚に上げて、人の心配ばかりしている私に、「あなたこそお大事に」と、教えてくださるのです。

人にばかり目を向けて、自分の危なさに気づかない私であることを教えてくれた父親や、入院している人は、私には、まさに阿弥陀仏のはたらきそのものなのです。

お年寄りはなぜ大切ですか

私たちは「お年寄りは大切」という言葉を口にしますが、「なぜ、お年寄りは大切ですか」という問いに、あなたは明確に答えることができますか。

子どもから見ると、働いて給料をもらってくるのは、お父さんです。食事を作り、洗濯や掃除をしてくれるのは、お母さんです。そして、家でブラブラしているのが、おじいちゃんとおばあちゃんです。そうすると、お父さんやお母さんのほうが大切だと思えるのではないですか。

「これまで家族を支えてくれたのは、お年寄りだから、感謝の意味で大切なのだ」とか、「お年寄りは弱いから、いのちを大切にすることを示す意味で大切なのだ」などと、意味づけはいろいろ可能です。

でも、人間は、自分の期待に応えてくれる生産性価値の高い人を大切にします。お年寄りは、この生産性価値を徐々に失いつつある人です。その人を大切にするというのは、本音ではないように思えてなりません。あなたは、本気でお年寄りを大切にできますか。

真宗の教えからは、「お年寄りは、人間の心の支えを一つずつ失いながら生きてくださるから大切である」といえます。

「自分こそ、役に立って家族を養い社会を支えている」と、生産性価値に得意になっている若い人たちに、「私も、三十年前はあなたのように得意になり、自信に満ちて、生活していたけれど、今は自分の体の守りがやっとになりました。でも、よく見ておいてください。あなたもこうなりますよ」と、身をもって示してくださるから、お年寄りは大切なのです。誰も知らない、生産性価値を失って苦悩する将来の私たちを、教えてくださっているから大切なのです。お年寄りに教えてもらうしかないから、大切なのです。

その大切さを取り違えて、自分に協力してくれれば大切にするけれども、役に立たないのなら邪魔だと思っていませんか。人間の真実の姿を見ようとしない私たちに、お年寄りが教えてくださっているのです。

親切心と人権侵害

先日、名古屋へ行ったときに、電車のなかでこんなことがありました。車内は結構混んでいたので、私は立っていました。次の駅から、七十歳くらいの女性が乗ってこられました。すると、私のすぐ前に座っていた三十代くらいの女性が、「おばあさん、どうぞ」と、親切に席を譲られました。七十歳くらいの女性は、当然「ありがとう」といって、席に座るのだろうと思いましたが、その方は、

「私は、席を譲ってもらうほどの歳ではありません。結構です」

といって、親切を断られて、そのまま立ち続けられました。席を譲った女性も、立ち上がった手前、今さら座るわけにもいかず、混んだ車内で一つの席が空いたままになりました。私も座りたかったのですが、そのやりとりを聞いていたので、遠慮しました。結局、その席には、次の駅で乗り込んで来た人が座りました。


親切って、難しいですね。七十歳くらいの女性に席を譲るのは、美しい親切に思えます。でも、「私は、まだまだ若い」と思っている人に、「おばあさん、どうぞ」ということばは、

大変な侮辱に感じたのではないでしょうか。

奈良の興福寺の前にある猿沢の池の畔の茶店に、こんな歌が書いてありました。

手を打てば　女中茶を持ち　鳥は立ち　魚寄り来る　猿沢の池

手をたたくという事実は一つでも、女中さんは茶の催促と思ってお茶をもって来るし、鳥は驚かされて逃げていくし、魚は餌を貰えると思って近寄って来るということです。

受け取り方は、それぞれの立場で異なるということです。親切を素直に受けなかった年配の女性に非があるということもできますが、自分の思いを中心にして生きる人間には、場合によっては、親切もいじわるになる場合があるのです。「自分の思いは危ないなあ」と思われませんか。

最近では、セクハラなどの人権侵害への注意喚起が高まっています。人権侵害は、自分の意図や思いによって判断されるのではなく、受け手である相手がどう受け止めるかによって判断されます。親切心でも相手を傷つけることがあるのです。自分の思い中心の私たち人間は、いつでも人権侵害を犯しかねない存在であることを知っておくべきです。

こころは蛇蝎のごとくなり

こころは蛇蝎のごとくなり

昨年の暮れに、私の母方の義理の伯母、母の兄嫁が亡くなりました。八十七歳でした。この伯母は、私が幼少のころから母の実家へ行くたびに、ずいぶん世話になり、可愛がってくれた人でした。そして、この伯母が、死に際しても、私の中に潜む怖い心に気づかせてくれました。

伯母は、昨年の夏ごろから体が衰弱して入院していましたが、十一月に入って危篤状態になりました。その報せを聞いた瞬間、私の脳裏には、「伯母さん、死ぬなら今だよ」という思いが走りました。というのも、十一月九日には、伯母のお寺の跡取りの孫が、お嫁さんをもらう結婚式の予定でした。「今死ねば、結婚式の前にお葬式が済むからいいよ」、それが私の本音でした。

でも伯母は小康を保ち、十一月六日になると、今度は私は、「伯母さん、九日までは死んだらアカンヨ」と、思いが変わりました。そして、無事結婚式が済んだ九日の夜には、「伯母さん、よく頑張ったねえ。もう死んでもいいよ」という思いが浮かんでいました。

そしてさらに、十日ほどすると、私の思いは、「伯母さん、死んだらアカンヨ。二十一日からうちの報恩講だから」と、またまた変わっていました。そして、報恩講が済んだ二十四日には、「伯母さん、よく頑張ったねえ。もう死んでもいいよ」という思いが、またまた浮かんでいました。

私の心は、なんと怖いことでしょうか。幼少のころから、母の実家の伯母として、私を可愛がり、励まし、いつも応援してくれた伯母の八十七年の人生を偲び、哀悼の誠を捧げることもなく、いのちの真実を尋ねることもなく、ただただ自分の都合だけをひたすら考えて、伯母の人生までも、自分に都合よく所有しようとした怖い心の塊の私がいたのです。

親鸞聖人は、『正像末和讃』の中で、

悪性《あくしょう》さらにやめがたし　こころは蛇蝎《じゃかつ》のごとくなり
修善《しゅぜん》も雑毒《ぞうどく》なるゆえに　虚仮《こけ》の行とぞなづけたる

と、人間の本性を指摘しておられます。

伯母は、意識をなくし老衰の極みの衰弱の身であっても、その最期をとおして、私に私自身の怖い心を気づかせて、お浄土へ還って逝きました。まさに、いのちがけの伯母からの最後のプレゼントでした。

今、今、今

例年より少し早く、今年は桜の花が咲きました。四月上旬には満開となり、やがて散ります。梅の花より桜の花に人の心が魅了されるのは、その花の見事さだけではなく、満開の花の寿命が短いこともあるのではないでしょうか。

浄土真宗本願寺派二十一代のご門主明如上人（俗名大谷光尊）の次女に九条武子さまがおられます。武子さまは、一八八七年（明治二十年）の生まれで、一九二八年（昭和三年）に、四十二歳で亡くなられました。そのご生涯において、本願寺派の仏教婦人会連合本部長を務められるとともに、歌人としても名を馳せられました。

その九条武子さまに、桜の花を謳った有名な歌があります。

見ずや君　明日は散りなん　花だにも　力のかぎり　ひと時を咲く

「明日散ることはわかっていても、目の前の桜は、今を一生懸命、力一杯に咲いていますよ」という主旨の歌です。いのちの尊さは、生きられる時間の長さではなく、つねに、ひとときを力の限り生きるということなのです。つねに、いただいた今を生きるということとが、人間を生きるということなのです。

私たちの生き方にあてはめるとき、ドキッとしませんか。たとえ、明日死ぬとわかっていても、娑婆の縁が尽きるまで、力一杯生きるのが人間のいのちなのです。でも、私たちは、自分の思いに照らして、価値があれば頑張るけれども、そうでなかったら「どうせ頑張っても無駄だから」と、あきらめたりしませんか。あるいは、まだ生きていられるからと、今日をおろそかに生きていないでしょうか。

いのちは、人間の思いによって成り立つのではなく、仏さまというはたらきによって成り立っています。若くて健康なときはもちろん、どれだけ年老いていようと、どんな障害や病気があろうと、そのままのいのちが尊いのです。

でも、人間は、そのいのちを自分の価値観・都合・思いに基づいて判断しますから、思いどおりでないいのちが届いたときには、勝手にひがんだり、あきらめたり、あるいは、苦労している人を見下げたりして、差別をするのではないでしょうか。いのちは、自分のものではなく、仏さまからのいただきものなのです。

病原菌と薬のいたちごっこ

今年になって、中国・台湾・カナダ等を中心に新型肺炎（ＳＡＲＳ）が流行し、多数の方が亡くなられ、世界中が兢々《きょうきょう》としています。新型肺炎といわれるように、病原菌とされるコロナウィルスへの有効薬が開発されていないことが一番の問題です。感染源は、野生動物のハクビシンなどではないかといわれますが、感染・発病をしないためのワクチンとなると、開発に何年もかかるようです。その対策に当たっている人たちの努力は、大変なものです。本当に頭が下がります。

医学は、こうしたことの繰り返しで進歩してきました。かつて、ペニシリンやストレプトマイシンの開発によって、それまで恐れられていた結核菌などを克服することができました。ところが、ペニシリンの効かないペニシリン耐性菌という病原菌が出現しました。すぐに対策研究が講じられて、メチシリンという薬が開発されましたが、メチシリンの効かないＭＲＳＡという病原菌が出現し、今度はバンコマイシンという薬ができました。しかし、それにさえも、ＶＲＥという病原菌が立ちはだかりました。

今回、犠牲となられた方々が、たくさんおられますので、事態はきわめて深刻ですが、SARSも、この歴史の繰り返しの一つです。

医学や薬学の領域に限りません。ご門徒のお百姓さんは、同じ農薬を野菜や稲に何年も使いつづければ、必ずその農薬が効かない病害虫が発生してくるといわれます。きりのないことの繰り返しだといわれます。

この繰り返しから学ぶべきことは、私たちの科学や知恵には、必ず限界があるということです。つまり、人間にとって都合のよい解決を求めようとする科学的な知恵だけでは、人間の心の安らぎは得られないということです。

私たちは、自分の努力・経験・英知によって、自分の思うように課題を克服し、心の安らぎを獲得できると錯覚してはいませんか。この繰り返しをとおして、阿弥陀仏は、「自分に都合のよいことを獲得しようとする知恵では、心は安らがないよ」と、私たちに気づかせようと、はからってくださっているのです。

親鸞聖人は、「ただ念仏して、弥陀にたすけられまいらすべし」と表明しておられます。私たちは、間違ったことに安らぎを求めてはいないでしょうか。

火宅無常の世界を生きる

今から八十年前、一九二三年（大正十二年）九月一日に、関東大震災が発生しました。それ以来、九月一日は防災の日とされており、日本では、災害に備えての訓練と心構えの再点検をする日とされています。最近では、東海地震・東南海地震・南海地震が発生する可能性の高さが指摘され、震災への日ごろの備えと心構えの必要性が叫ばれています。

でも、私たちの心のどこかで、「まだいいだろう」「自分が生きてるあいだぐらいはいいだろう」と、勝手に決めているようなところはないでしょうか。

わずか八年前に、阪神淡路大震災によって約六四〇〇名もの犠牲者が出たにもかかわらず、自分の希望的思いから「まだいいだろう」と思っている私たちがいます。

この九月一日に、私は生まれて初めて人間ドック一日コースの検診を受けます。そして、「たぶん、おおむね健康で、すぐに治療しなければいけないようなことはないだろう」と、勝手に決めている私がいます。ですから、人間ドック後の予定もたくさん入っていて、もし何かあっても、とても精密検査や治療はできそうにありません。

このように自分の都合でしか判断できない私たちの世界を、仏教では、火宅無常の世界と説明します。この火宅無常の世界は、家の中で自分の遊びに夢中になっている子どもが、家が火事になっていても気がつかず、逃げ出すことができない状況を、日ごろの私たちの生き方にたとえているのです。

私は、自分の仕事や予定のことばかりに気をとられて、体の不健康さに気がついていないのです。ですから、よほど重い深刻な病気が見つからなければ、私は目が覚めないのです。風邪をひいたときでも、そうです。自分の体でありながら、風邪に気がつけません。発熱したり、喉が痛くなったり、咳や鼻水が出て困ったときに、初めて風邪と気づき、受診することができます。この風邪の症状が、阿弥陀仏の大悲です。

自分の身勝手な思いにしたがって生きる私たちに、真実の姿を気づかせてくださるはたらきです。本当にたよれることを教えてくださるはたらきです。私たちが拝む阿弥陀仏は、この火宅無常の世界を身勝手に生きている私たちに、自分の思いから離れて、あるがままの自分に気がつけよと呼びかけ、目を覚まさせてくださるはたらきなのです。火宅無常の世界を生きるしかない自分に気づくことが、私たちにとって、生涯挙げての宿題なのです。

女子学生の事故死

私は、住職をしながら大学へ勤めています。今は、教育学部で学校の教員や臨床心理士を目指す学生に心理学を教えています。

去る一月十六日金曜日に、二年生の学生を対象として臨床心理検査法の授業が午後六時までありました。私のゼミ生で、その授業を受けていた女子学生が、授業終了の三十分後に大学の近くで、自転車で自宅アパートへの帰宅途中、車にはねられて、病院へ運ばれました。

急を聞いて、私も病院へ駆けつけました。きわめて重体で、午前一時まで緊急手術がされました。待合室には、大学関係者のみならず、大阪から駆けつけた被害学生のご家族、そして加害者の青年と親御さんも来ておられました。交わすことばもなく、とても重苦しい数時間でした。病院の集中治療室での懸命の治療の甲斐もなく、十八日の午前四時に、その学生さんは亡くなり、ご遺体は大阪へ搬送され、翌日葬儀が執行されました。ご遺体搬送のときも葬儀会場にも、加害者の青年と親御さんは来ておられました。

とても悲しく、つらい事故をとおして、私は、改めて人間を生きるということを教えられました。どんなに心がけていても、私たち人間は、縁が届けば、交通事故の被害者にも加害者にも、あるいは被害者の親にも加害者の親にもなり得るということです。私たちの思いや行いが先にあって、それによっていのちが届けられるのではないのです。縁によって私たちのいのちは成り立っているのが、いのちの真実です。私といういのちから縁をとったら何も残らないのです。

それを「空（くう）」といいます。自分で頑張ってやり遂げたと思うことも、真実は、うまくことが運ぶ縁が届き、いろんな力が集まってやり遂げることができたのです。私たち人間は、いつも、いのちの真実は自覚せず、自分の思いを実現することのみに執着して生きています。いのちの真実は、人間の思いとは無関係に縁となって届きますから、思いどおりになることばかりとはかぎりません。ですから、人間は、苦しみの泥沼を生きるしかないのです。

私たちが拝む阿弥陀仏は、蓮の花の台の上に立ち上がっておられます。蓮の花は泥沼に咲きます。私たち人間界の泥沼の上に立ち上がって、思いを優先して生きようとすることが苦悩の根源ですよと気づかせ、救おうとしてくださっているお姿が示されています。

ＧＰＳと仏さま

最近、交点ハンターといわれる人が増えているそうです。

地球を、北極から南極へ結ぶ縦線を経線といい、イギリスのグリニッジ天文台を中心に、東は東経百八十度まで、西は西経百八十度まで、合わせて三百六十度です。赤道を中心の横線を緯線といい、赤道から北の北緯は北極まで九十度、南の南緯は南極まで九十度、合わせて百八十度です。この縦横の線の一度ずつの交点は、地球上で、三百六十×百八十、六万四千八百存在します。

交点ハンターとは、この交点を自分の足で踏み、踏破しようとする人たちのことです。海の上の交点が多いのですが、陸地は全部で約一万六千ほどあるそうです。日本にも、約三十ほど陸地に交点があります。

地球上にいては、自分がどこにいるかわかりませんので、交点ハンターの人たちは必ず、ＧＰＳ（global positioning system）、全地球測位システムという機械を用いて、自分の位置を確かめています。これは、最近自動車に搭載されているナビゲーションと同じで、人工衛星を利用して、地球上の位置を確かめるシステムです。

悲しいかな人間は、地上にいながら、地球上の自分の位置を知ることはできません。知るためには、地上から離れないと見えません。そう思うと、地球儀を作った人というのは、凄い人だと思います。地球儀のように地球を見ようと思うと、月までくらい離れないと見えないのですから。

私たち人間の心も似ているのではないでしょうか。外から私たちの心を照らさないと、心の全容は見えないのです。この外から照らして私たちの心を教えてくださる眼が、仏さまの眼なのです。

仏さまの教えを聞くということは、仏さまの眼に映る私たちのあるがままの心を教えていただき、私たち自身の心に気づかせてもらうということです。「自分のことは自分が一番よくわかっている」と思っているあなた、それは地球上にいて、「私は、地球全体を見渡すことができる」と思い上がっているようなものです。仏さまを拝むということは、自分の心のあるがままに気づかせてもらうということなのです。

台風と仏さま

今年は、とてもたくさん台風がきます。みなさまのところでは、被害はありませんでしたか。

台風十八号がきたときのことです。現在、慶円寺は門徒会館（願生館）を建設中です。まだ、玄関などは一部分が未完成で、吹きさらしの箇所があります。その前の、台風十六号のときには、風雨にさらされないようにと覆っておいたビニールシートが剝がれてしまいました。幸い被害はありませんでしたが、今回の十八号は、かなり強い台風ということでしたから、私はビニールシートを二重に巻いて、「そこまでしなくても」といわれるほど、しっかり養生をしました。

ところが、台風十八号は、この辺りでは、さほど強い風も吹かずに通り過ぎました。ありがたいことであったのですが、翌朝、頑丈に養生したビニールシートをはずしながら、「たいしたことなくてよかった」と感謝するのではなく、「せっかくこんなに養生したのに、なんで強い風が吹かなかったのだ。これくらいなら、こんなに養生するんじゃなかった」

と、腹を立てている私がいました。

その片づけついでに、ふと境内を見ると、十年ほど前に、草が生えないようにと小砂利を入れたところから、小さな草が生えているのを見つけました。妻に、「小さい草がたくさん生えているから、抜かないとダメだよ」というと、「最近歳をとって、老眼で、小さいものがまったく見えないようになって……」と、涼しい顔をされました。再び、ムカッとする私がいました。

親鸞聖人は、私たち人間を、「よろずの煩悩にしばられたるわれらなり」（『唯信鈔文意』）と説明されました。どこまでいっても、自分の思い中心の私たちです。自分の言動が思いどおりの結果を招かないと、いとも簡単に腹を立てるのが私たちなのです。思いと結果の兼ね合いから、威張ったり、ひがんだり、腹を立てたり、落ち込んだりするのは、すべて煩悩の仕業です。

「自分の身勝手な思いに振り回される自分であることに気がつけよ」と、私たちに気づかせてくださる仏さまを忘れると、私たちは必ず道を間違えるのです。この台風十八号をとおして、仏さまは私に、改めて「よろずの煩悩に縛られたるわれら」ということを自覚させてくださいました。

自然災害と人為的災害

明けましておめでとうございます。みなさまとともに、新しい年を迎えることができました。

昨年は、台風・地震・大津波などの自然災害と、虐待・誘拐・殺人などの人為的災害、まさに災いが記憶に残る年でした。人間の思いに照らせば、今年は、「どうぞ良いことがありますように」と期待したくなります。

昨年、私は、富山県の井波《いなみ》別院と城端《じょうはな》別院へ参詣するご縁がありました。富山県砺波《となみ》地方のあの辺りは、昔から、散居村といわれる独特の村風景があります。一軒一軒の家が離れていて、それぞれの家が屋敷林で囲われているのです。風を防ぐ防風林の役目を果たしていると思われます。

昔は、杉や桧の針葉樹だけでなく、柏、紅葉、欅などの広葉樹も多かったそうですが、最近は、落ち葉に苦労するということで、杉の針葉樹が圧倒的に多くなったそうです。その砺波地方の屋敷林が、昨年十月の台風二十三号で壊滅的な被害を受けたそうです。多くの杉が倒れてしまったのです。

聞くところによると、根の浅い針葉樹だけでは弱く、根を広く張る広葉樹と一緒に育てることによって、その林はとても強くなるそうです。人間にとっては、葉が落ちて都合が悪くなるといっても、広葉樹は必要だったのです。台風は、確かに自然現象ですが、人間の都合ばかりを優先する生活が自然の摂理に反することになり、結果として、人為的災害を引き起こしているようです。今回の台風は、それを証明するかのごとく、杉だけの屋敷林の家が、特に被害が大きかったそうです。

明治の先覚者、清沢満之先生は、人間のいのちを、

生のみがわれらにあらず。死もまたわれらなり。われらは、生死を並有するものなり。

と説かれました。

生きているから死ぬこともあるのですが、それだけではなく、死ぬということがあるから生きることの意義が明らかになるのです。都合の良いことのみによって私たちの人生は意義づけられるのではなく、都合が悪いと思うことがあるお陰で、人間を生きる意義が深められることを再確認すべきです。

今年一年、あなたはどのように自分の人生を意義づけられますか。

庫裡解体の衝撃

慶円寺の庫裡の解体工事は、先月の十八日から始まり、私の五十二歳の誕生日である一月二十七日に完了して、更地になりました。

長年住み慣れた家がなくなるということは、人生の思い出が消えたように思えて、妙な寂しさを感じました。改めて、阪神淡路大震災や新潟中越地震などで一瞬にして突然わが家を失われた方々が、茫然自失と立ち尽くされていた心境が実感できた気がします。心の準備ができていても寂しいものです。突然の震災で家を失われた方々の心境は、察して余りあります。

その庫裡の解体で驚いたのは、徹底した分別回収の工事の進め方です。さほど大きくもなく、解体するだけなら半日もあれば十分な庫裡に、十日もかかったのは、そのせいです。家を建てることばかりに気を取られて、解体した廃材がどのように処分され、地球をどれくらい汚すことになるのか無頓着であった私に、徹底した分別回収の工事は、衝撃ともいえる反省を促してくれました。

蓮如上人は、『御文』二帖目第二通に、「無善造悪のわれらがようなるあさましき凡夫」と指摘しておられます。無善とは、善・よいことがなく、造悪・悪いことを造るということです。つまり、自分の都合ばかり優先して、存在悪とさえいえる私たちだと指摘しておられるのです。

自分の都合で家を建て直し、解体した廃材がどれだけ地球を汚すのか顧みようともしない私は、まさに無善造悪の凡夫です。せめて、少しでもリサイクルできるものは利用し、地球を汚すことは、最小限にしようとしてくださった工事関係者の方には、頭が下がりました。確かに私たち人間は、自分の都合を満たそうとすれば、必ず誰かの手を煩わし、迷惑をかけるのです。そのことに気づかず生活しているだけなのです。その存在悪ともいうべき身であることを知らしめ、頭が下がる身になることが信心を得るということだと蓮如上人は、教えてくださっています。

庫裡再建のための解体という慶円寺の一つの歴史にふれて、改めて真宗のみ教えを確かめさせていただくことができました。

空き巣撃退の方策

先日、大阪寝屋川市の小学校で、十七歳の少年が刃物を持って侵入し、一人の教諭を刺し殺すという悲惨な事件が起きました。

こうした事件が断続的に続くため、最近は、どの小学校も門扉が堅く閉じられ、容易に入れなくなりました。また、ほとんどの小学生が防犯ベルを持って行動しているとのことです。

昔は、「人に会ったら挨拶し、優しく親切にしてあげましょう」とか、「人と仲良くしましょう」と教えられましたが、最近は「人にはできるだけ、近づかないようにしましょう」「人と会ったら、相手を疑って警戒しましょう」と教えなければならなくなりました。ほんの一部の人のために、健全で友好的な人間関係を促進することが、できなくなってしまいました。

また先日、慶円寺の願生館に、なんと空き巣泥棒が入りました。今、慶円寺では、庫裡再建中のため、願生館で仮住まい中です。わずかな留守のあいだに、大胆にも本堂から、本堂と願生館の間の戸を無理やりこじ開けての侵入でした。少しばかりの現金と、私が大学で使用するノートパソコンが盗られただけで、大事には至りませんでした。警察からは、鍵を掛けていない本堂は望ましくないという指摘がありました。いよいよ慶円寺の本堂も小学校同様、昼間から鍵をかけて、一般の人は入れないようにしなければならないのでしょうか。

お寺の本堂は、誰でも、いつでも参詣できるから意義があるのです。今でも、ほとんどの方は、寺の者が鍵をかけずに外出していても、本堂に参拝のあと、野菜やいろいろなものを、布施の行のように本堂や庫裡に置いていってくださいます。盗む人はおられません。いつでも、参拝し、聞法してもらえるように「寺をひらく」ことこそが、真宗寺院の使命です。それを、ほんの一部のふとどきな人のために、本堂を閉めなければならないとしたら、お寺の本分に背くことになります。

私は、これをきっかけとして、鍵をかけるのではなく、心あるみなさんに、いつも賑やかに、本堂に参拝していただきたいと思います。ひっきりなしに心ある方々が参拝されれば、心ない人は入れません。改めて慶円寺の存在意義を見直していただき、ぜひとも頻繁に参拝してください。そして、みなさんの心で慶円寺を守ってください。

バタバタ二十万キロ

先日、私が乗っている車が、走行距離二十万キロを走破しました。ほぼ十年での達成でした。この前に乗っていた車が、走行距離十九万七千キロで壊れて、替えざるを得ませんでしたから、二十万キロ走破は私の夢でもあり、とても嬉しいことです。二十万キロ走破というと、多くの人は「すごいね」といってくださいます。それが嬉しくて、少し自慢気な私です。とはいいましても、この達成は、小まめにオイル交換をし、オイル漏れをカバーして、二十万キロまでもたせてくださった、慶円寺の総代でもある高田文明さんのお陰であって、私の力は何もありません。

ほぼ十年で二十万キロということは、一日平均約六十キロ走ったことになります。毎日六十キロも走って、いったい私は何をしていたのでしょうか。「忙しい」を口にしながら、自分の存在感を自他ともに認めて、一人ご満悦の私であったのかもしれません。

忙しいという字は、心を亡くすと書きます。上下に並べると、忘れるという字です。毎日心を亡くして、バタバタの十年だったのかもしれません。私にかぎらず、現代を生きる私たちは、みな忙しく、心を亡くした生活に陥ってはいないでしょうか。現代の日本人は、電車が一分でも遅れると苛立《いらだ》ちます。時間に追われ、仕事に追われ、生活に追われ、自分を満喫して生きている瞬間を、忘れてしまっていませんか。

蓮如上人は、『蓮如上人御一代記聞書』一九一に、

行くさきむかいばかりみて、足もとをみねば、踏みかぶるべきなり。人の上ばかりにて、わがみのうえのことをたしなまずは、一大事たるべき

と指摘しておられます。先のことや人のことばかりに心を奪われて、今日の自分を確かめないと、後悔しますよといわれるのです。

一日約六十キロ走ったことだけが数字で残り、その先々での行動や感動が何も残らない日々だとすれば、とてもむなしく思えます。二十万キロ走破の感激は、私に「人間らしく、味わって生きろ」という反省と課題を与えてくれた気がします。

次に乗る自動車は、距離よりも、一瞬一瞬を満喫して乗ろうと思います。

女子大生のおかみそり

先日、私の寺のご門徒さんの大学三年生と四年生の二人の女子大生から、一人は成人式を記念して、一人は大学卒業と大学院進学が決まったことを記念して、おかみそり（帰敬式）を受けたいという申し出を受けました。

おかみそりというと、「死んだときにしてもらうもの」とか「生きているときに受けるなんて縁起でもない」と考えている人は、おられませんか。それは大間違いです。死んでから受けたのでは手遅れなのです。

おかみそりは、「仏さまの仏、そのみ教えである法、そして、み教えの下に集う人びとの僧、この仏・法・僧の三宝に帰依して生きていくしかない私であることに気づかせていただきました。今日からは、釈尊の弟子・仏弟子として生きていきます」という自覚、仏法僧の三宝に帰依敬礼して、生きる誓いを形に表す儀式です。

自分の思いが充たされることが自分の幸せであり、唯一の生きがいであると思っていた人が、それは思い違いであり、「仏さまのはたらきが縁となって、生かされてあるいのちが、この私であり、このいただいたいのちにうなずくことこそが、本当の心の安らぎであった」と気づくことの道に立つことが、おかみそりという儀式です。仏さまのはからいが届いている証として、法名をお受けします。法名は、死んでからの名前ではなく、人間を生きる道標ともいえる名前です。

私たちには、この世に生を受けた誕生日があります。この誕生日は、仏さまのはからいによってもたらされたものではありますが、私の意思は何ら反映されない、受け身的な誕生日です。これに対して、おかみそり（帰敬式）は、「仏さまのはたらきに帰依せずしては生きていけないから、そのみ教えを聞いて生きていきます」という、仏弟子としての、いわば能動的な誕生日です。第二の誕生日といえるのではないでしょうか。

人間は、生まれた瞬間の第一次性徴によって、形態的に男・女の区別がされ、思春期の第二次性徴によって、男女の生殖能力が発揮されるようになるのと同じように、おかみそり（帰敬式）を受け、第二の誕生日を迎えて、初めて人間のいのちに目覚め、本当に尊いことに帰依して、生きていくことができるようになるのではないでしょうか。

念仏の相続

念仏の相続

慶円寺がある落合《おちあい》という この集落には、昔から「お茶講」という伝統の集まりがあります。親鸞聖人の月命日である二十八日の逮夜、つまり二十七日の夜に、村のいくつかに分けられた組ごとに、毎月の宿当番の家に集まって、ご門徒さんだけで、お内仏で「正信偈」のお勤めをし、お茶をいただきながら、仏法談義をするのです。それで「お茶講」と名づけられたと思われます。

ところが、最近では、お勤めのあとの仏法談義がほとんどなく、世間話だけで終わったり、お勤めの調声をする人がなくて困ったり、宿当番が大変だからと、お茶講から脱退したり、ある組は、お茶講自体をしばらく休止しているなど、その存続が次第に難しくなってきているようです。

先日、私は、滋賀県の湖西、高島市マキノ町のお寺で、三浦講という伝統のお勤めの法話のご縁をいただきました。三浦講は、約四百三十年前の大阪石山合戦に、「お念仏を絶やしてはならない」と、身命を顧みずして参加し、亡くなられたご門徒を追弔することが縁となって、今日まで続いているお勤めです。マキノ町の真宗大谷派の九か寺が、順に会場となって、毎年十月か十一月の十二日と十三日に、全住職と多くのご門徒さんが参加して勤めておられます。自分のいのちを投げ出してまでも、お念仏を後の世に伝えようとしてくださった先人のこころを受けとり、それをまた次の世代へ受け渡されているのです。

しかしながら、ここでも若い人たちの参加が、しだいに減少しているとのことです。

私たちは、ご先祖から家や財産を相続し、それらを子孫に受け渡していくだけではないのです。真宗門徒は、お念仏を相続することが第一の目標で、家や財産の相続は、その手段にすぎないのです。そのことを実証できる伝統が、今の私たちの生活にはたくさんあるのです。文化が発展し、人間の知恵が進むにつれて、ご先祖がいのちがけで伝えてくださったお念仏の伝統を、私たちは相続できなくなっているのではないでしょうか。

親鸞聖人は、『高僧和讃』に、

決定《けつじょう》の信なきゆえに　念相続せざるなり
念相続せざるゆえ　決定の信をえざるなり

と説いておられます。あなたは、何を次の世代に受け渡そうとしておられますか。

伝統のお斎の意義

みなさんは、法事などの仏事のあとの食事を、普通の食事と区別して、「お斎《とき》」ということはご存じだと思います。お斎は、広辞苑によりますと、午前中にとる食事、酒や肉のない精進料理、法要その他の仏事の参会者に出す食事などの意味があります。仏教と密接に結びついたことばです。

浄土真宗は、昔からこのお斎を、とても大切にしてきました。十二月九日から十一日まで、琵琶湖西の高島市の即得寺の報恩講法話に行ってきました。そこでのお昼のお斎は、まさにお斎でした。

午前の法話が十一時半に終わると、炊事場から本堂に、たくさんの飯台や大きな鍋、お釜が運び込まれ、百人を超す参詣の方々が一緒に、お世話方が作られた精進料理をいただきます。驚いたのは、かぶら汁に代表される食材です。お茶碗にちょうど入るくらいの大きさのかぶらが一つ丸ごと、前日から煮込まれ、ほどよい柔らかさになっていました。そのかぶらは、春先から今日の報恩講のお斎に食べてもらおうと、大きくなりすぎないように、間隔を詰めて栽培されたということでした。翌日いただいたぜんざいの小豆や餅米も、この報恩講のために栽培されたものだそうです。

お金を出せば、何でも買える時代ですが、大変な手間と労力をかけて、あえて栽培されるのです。そこには、み教えを聞きに来られる人びとへの敬意があります。まさに、三帰依の「自ら僧に帰依したてまつる」、僧伽への帰依の証があります。そして、自然の恵みへの感謝、お陰さまの感動があります。人間は決して一人では生きられないという謙虚さがあります。お世話方は、一年をとおして、自ら労を惜しまず汗を流し、生かされているいのちの尊さを実感されてきたのです。

そういえば、ご本山の報恩講のお斎も、すべて、ご門徒さんが全国各地で栽培してくださった野菜によって作られています。そして、できたお斎は、裃・袴で正装した男性によってお給仕されています。お金を出して、お斎を召し上がってくださるご門徒への敬意だけではなく、お斎それ自体が、お陰さまのたまものであり、尊いのです。

ですからお斎は、たんなる食事ではなく、自然の大きないのちに育まれている自己を再確認し、一人で生きていると思い上がっている自己を慚愧、羞じる仏法讃嘆の場なのです。

猫に教えられたにゃー

今年の八月は、夏休みで若院が寺に帰って来ていましたので、月参りのお常飯を主として、ずいぶんたくさん私の代わりにお参りに行ってもらいました。お陰で、私は少し楽をさせてもらいました。ご門徒さんも、私より若院のほうが嬉しいらしく、私なら絶対にもらえないようなプレゼントを、結構もらって帰って来ました。

月末には、「初めて若さんが来てくれたから」と、可愛い黒色の仔猫をもらって帰って来ました。私も、かつて若さんのころには、いろいろな物をもらったものですが、さすがに猫をもらった記憶はありません。ここ約一年、わが家には、ペットらしきものがいませんでしたので、みんな大歓迎で、飼うことにしました。名前は、まだありません。

猫といえば、「猫に小判」のことわざを想い起こします。「豚に真珠」と同じく、どんな貴重なものを与えても、何の役にも立たないという意味ですが、このたび、若院が猫をもらってきたことで、私は、ふっと「自分は、貴重なものを大事にしているだろうか」と、問いかけてみました。本当に尊いことがわからず、目の前のオモチャにじゃれている猫と同じ生活になってはいないだろうかと問いかけてみました。

目の前にある求めるものさえ手に入れれば、ご機嫌で満足する姿は、猫も人間も同じであるように思えます。

私たちが、ご本尊と拝む阿弥陀仏は、「私を私として存在たらしめるすべてのはたらき」を意味します。それが、本当に尊いこと、つまりご本尊です。でも、私にとっては、自分の思いに叶ったものが尊いものとしか思えないのではないでしょうか。それを必死に追い求めている姿は、猫とそれほど違わないように思えます。

阿弥陀仏が、本当に尊いのは、その私が本当に尊いことに気づけるように、いつでも、どこでも、はからい続け、願い続けてくださっているからです。思いどおりにならないことを与えて、本当に尊いことに気づかせてくださるのです。

若院が、縁あっていただいてきた黒猫が、私には、「ご本尊、忘れないで」と叫んでいるように聞こえているのです。

船木選手の感動

先月、長野県安曇野《あずみの》を訪れるご縁をいただきました。そのときに、八年前の長野オリンピックで大フィーバーした白馬のジャンプ台を見学してきました。

学生のころのスキー以来、約三十年ぶりの白馬です。少しわくわくとした気分で、オリンピックの原田選手の「船木ィー」のあの場面を想い起こしながら車を走らせました。当日は雨降りで、ほとんど観光客はいませんでしたが、ノーマルヒルの低いほうのジャンプ台では、二十人ほどの選手が練習をしていました。観光用のリフト・エレベーターを乗り継いで、ジャンプ台の上にも行けるようになっていました。いたるところに、オリンピックの金メダルの栄光の原田選手や船木選手の写真が飾ってありました。

下りのリフトで、目を疑いました。あの船木選手が、スキー板を抱えてジャンプ台へ上って行くリフトとすれ違ったのです。「きっと飛んでくる」と思い、着地地点で雨の中、傘をさして待っていました。ほどなくジャンプし着地、目の前を船木選手が通過してしまいました。せっかくだから、今度こそ声かけてサインをもらおうと、さらに二十分待っていました。再び飛んできた船木選手は、なんと彼のほうから声をかけてくれました。「どちらから来られましたか」が、第一声でした。

今年のオリンピックは、代表をはずれ、自分の過去の栄光ともいえる写真を目にしながら、冬に備えて初秋の雨の中での練習です。血走った目で緊張感を漂わせる船木選手を勝手に想像していた私は、あまりに温和でにこやかに優しく声をかけられ、驚きました。サインにも写真にも気軽に応じてくれました。その姿からは、再び頂点を奪還するぞという気負いは、まったく感じられませんでした。ジャンプの力は、下り坂の現実の自分を引き受け、勝つための練習というよりは、自分のジャンプに納得するために自分と向き合って練習している船木選手に思えました。だから、あんなに優しく温かかったのではないでしょうか。

人間は、絶頂期のままいのち終えるのではなく、老年期の衰えを経て、いのちを終えます。老いることとは、いつまでも絶頂期でいたい人間には苦痛です。阿弥陀仏が、老いを経てお浄土へ私たちをお迎えしてくださるのは、老いを経て本当に人間に生まれ、人間を生きた意義がわかるようになるためではないでしょうか。より深みのあるジャンプを極めている船木選手と出会った気がしました。

車の安全運転と人生

この春に高校を卒業して、京都の大谷大学へ進学する跡取り息子が、先月車の運転免許を取得しました。

三週間ほどで自動車学校を終え、あっというまの取得でした。特別に運転が上手なのかと思って、乗せてもらうと、とても下手です。特にバックや車庫入れなど、細かなところは、目を覆いたくなります。

でも、私が三十数年前に免許を取得したときと、現在の自動車学校の指導には違いがあると感じました。それは、車に乗る目的を明確にした指導ということです。つまり、「安全確実に安心して走ればいい」ということです。ですから、車庫入れなどの細かなことは、少々できなくても、安全・確実・安心という、車を運転する目的さえ達成できれば、それで免許としては十分ということなのです。

事実、最近の自動車の死亡事故は、明らかに減少しています。それは、罰則が厳しくなったということだけではないと思います。警察の指導もあって、運転者の意識が、「安全・確実・安心が車を運転する目的である」と、明確になり、多くの運転者に浸透したことが大きいのではないでしょうか。

ですから、息子の運転は下手ですけれども、下手であることを自覚して運転するように教育されていることを感じて、なるほどと感心しました。

同じことは、人間を生きるということにも当てはまるのではないでしょうか。人間を生きる目的が明確になったとき、人間は、安全・安心の人生を手にすることができます。目の前の細かなことばかりに気をとられていては、国道や高速道路を走れないのと同じように、人間を生きるということにも大局観が必要です。

浄土真宗は、「人間を生きる目的は、仏さまの願いによって生かされている自己に出遇うこと」と教えてくれます。「自分の想いを実現することが目的」と、思い違いをすると、安全・確実・安心の人生は見えてきません。目の前の細かな想いばかりに気をとられて、不安と自己否定におびえ、自分を生かしてくれている大きなお陰さまを見失ってしまいます。阿弥陀仏のはたらきを見失ってはいないだろうかと、車の運転から自分を問い直してみた私です。

私に届いた諸法無我

先月、近くのお寺の前坊守さんが亡くなられ、葬儀が執り行われました。当然、慶円寺にも参勤のご招待がありました。その日は、私は、北海道での法話の約束があって、葬儀に参勤することができませんでした。ちょうど若院が寺にいましたので、私の代わりに参勤しました。

また、先日お勤めした春の永代経の初日は、私の九歳年上の従兄が亡くなり、葬儀がありましたので、お勤めができず、これまた若院がお勤めし、翌日もあるお寺の御遠忌の法話と時間が重なり、私はお勤めができず、若院がお勤めしました。住職として、はなはだ不謹慎なことになりました。

私は、「近くのお寺の葬儀も自坊の永代経のお勤めも、住職の私がお勤めするのが本意で、若院はあくまで私の代理で、私ほどのお勤めはできないだろう」と、当然のように思っていました。ところが、総代さんや世話方さんは、若院ももう十八歳ですから、私の代わりというよりは、住職は住職、若院は若院と受け止められ、「今日は若さんのお勤めでした」と理解され、別に私がいなくても困らないという反応で、私の心配は無用だったようです。というよりは、私はいなくてもいいようです。若院を心配するどころか、自分が寂しくなっていくのだと、焦りさえ感じました。

仏教は、人間の真実の一つを「諸法無我」と教えます。すべての人間存在は無我であって、自分という存在は、多くの有形無形のお陰さまに支えられているのが真実であるということです。でも、私たちは、お陰さまを感じる前に、「自分が、この家を、寺を、社会を支えているのだ。そうでなければいけない。自分がいなかったら、この家も寺も立ちゆかない」と感じているのです。真実には目もくれずに、一人で思い上がり、気負っているのです。ですから、「あなたでなくても代わりはいますよ」という真実が届くと、傷つくのです。仏教は、それを「一切皆苦（人間は、思い違いをしているから真実がみんな苦に思える）」と教えます。

言葉では十分に知っていたつもりの、この諸法無我を、今、私自身が身をもって教えていただいています。日常生活の一瞬一瞬に、つねに阿弥陀仏の願いが届いています。自分の当て外れのときこそ、その願いに気づくチャンスなのです。

コウノトリの叫び

先日、兵庫県の豊岡市にあるコウノトリの郷公園へ行くご縁をいただきました。

昭和四十六年、豊岡のコウノトリの死を最後に、わが国においてコウノトリは絶滅しました。その後、昭和六十年に、ロシアから六羽のコウノトリを譲りうけ、コウノトリが生育できる環境を確保するために創られたのが、この公園です。

親鳥は、羽を広げると約二メートル、一日でドジョウに換算すると、約八十匹を食べるそうです。完全な肉食で、蛙・蛇・バッタなどが大好物ということです。わが国でコウノトリが絶滅したのは、農薬やコンクリートの用水などの影響で、餌になる動物が大量にいなくなったことや、水銀を摂取することによって、雛が誕生しなくなったからのようです。

公園では、これらのマイナス要因の環境を排除して、コウノトリを飼育し、一方では、地域のお百姓さんと行政の理解と協力を得て、農薬を使わずに、沼地や小川を復活させ、餌となる動物が大量に育つ環境が、復活されました。その結果、現在では、公園内に百羽以上のコウノトリが飼育され、九月二十二日の三羽を含めて、十七羽が自然に帰され、約五百キロ四方を飛んでいるそうです。日本中のどこで巣を作ってもいいわけですが、十七羽とも豊岡に戻ってくるそうです。コウノトリが生育できる環境は、現在の日本では、豊岡市以外にはないということのようです。

この公園を訪れて、私は、人間の文化・文明に潜む怖さを再認識しました。昭和三十年代から四十年代にかけて、わが国は、東京オリンピックの開催を機に、経済が高度成長に転じ、物の豊かさこそが幸せのシンボルと誰もが信じていたころに、コウノトリは絶滅したのです。他の生物を滅ぼしながら、日本人は目先の豊かさ、快適さ、便利さを幸せと称して、愚かにも悦に入っていたのではないでしょうか。

親鸞聖人は、『正像末和讃』の最後に、

善悪の字しりがおは　おおそらごとのかたちなり

と説いておられます。自分は、善悪の字をわきまえていると、賢ぶっている人間は、当てにならないと諭しておられるのです。

今日の地球温暖化に代表される環境問題は、四十年も昔に、すでにコウノトリが教えてくれていたのです。人間は、自分の知恵に溺れたときに、必ず自らを窮地に追いやり、滅ぼすことになるということを忘れてはならないのです。

心塞意閉の現代文化

先月、大学の仕事の関係で、岐阜市内の児童数八百名のマンモス小学校の運動会に参加してきました。

運動場へ入って驚きました。海水浴場かと錯覚するほど、たくさんのビーチパラソルが並んでいたからです。最近のアウトドアブームで、テーブルと椅子四個がセットになり、折りたたみ式で大きなパラソルが立てられる、ほぼ同じ形式のものが、運動場に二百個以上並んでいました。聞いてみると、前日から児童の親が、少しでも前のほうの場所を取ろうと、車で運んで持ち込まれたのだそうです。

その小学校はマンモス校で、地域の地区ごとのテント席が用意できないために、三年ほど前からこの形式のパラソルセットが徐々に持ち込まれるようになり、今年は、運動場一杯に、大ブームになったそうです。来年は運動場に入りきらなくなるのではないかと、校長先生は嘆いておられました。

お昼は、そのパラソルの椅子とテーブルに腰掛けて、子どもと家族が一緒にお弁当を食べるのですが、隣の家族と話す光景は、ほとんど見られませんでした。近所の人と一緒にわが子の運動会を応援する人は少なく、家族単位で参加している人が多いようでした。この光景を目の当たりにして、都会では、家族と地域がかけ離れていることを実感しました。

小学校の運動会でさえ、家族ごとのパラソルで閉鎖的になっている。このような現状では、地震が起きたりすれば、地域で助け合うことが必要と叫ばれていても、それは、とても難しいだろうと思わずにはいられませんでした。

最近では、私の田舎でも、かつての婦人会や青年団・壮年の会が解散し、地域の人が一同に会する機会が目に見えて減少してきました。自分の思いに基づいて自由に生活すれば、個人や家族単位の生活になります。それは一見自由に見えますが、周囲へは心を塞ぎ、警戒心をもって、緊張感が強く、一つ間違うと孤立することになりかねません。

お釈迦さまは、こうした人間の思いに基づく生き方は、「心塞意閉」、すなわち心塞ぎ、心閉じる生き方で、決して安らぎは得られないと諭しておられます。

急速に、孤立化の道をたどっている私たち。安全のためと、玄関にはいつも鍵をかけるしかない今日の生活です。だからこそ、意識して、隣近所との交流を深めていくべき時代なのではないでしょうか。

おじいちゃんの幸せ

先日、うちのお寺から約二十キロほど離れた寺へ、初めて法話に行きました。

法話を終えて、そこの老僧さんとお話をしていたら、

「私は、あなたの御祖父さんが、自転車で法話に来てくださったことを覚えています」

といわれました。

「二十キロも離れたこんな遠くまで、おじいさんもよくぞ自転車で来たものだな。とても自分にはできないな。今は車があるからありがたいな。おじいさんは気の毒だったな」

と思いながら、帰ってきました。

しばらくして、東京での仕事があって、新幹線に乗りました。偶然、最新型の車両でした。確かに揺れは少なく、静かで速く快適でした。しかも地球にやさしい車両だそうです。昭和三十九年の開業当時のものから、すべての型の新幹線に乗っている私は、過去を振りかえってみると、どの新幹線に乗ったときにも、「すごいなあ」と感激した記憶はあっても、「まだ、だめだな」と落胆した記憶はありませんでした。

そのとき、一つのひらめきを感じました。「おじいさんは、そのあとの自動車を知らなかったから、自転車に十分満足して二十キロも走っていたにちがいない」と気がついたのです。つまり、おじいさんは、自転車で十分満足していたであろうし、自動車を知っている私が、おじいさんは気の毒だと思うことが、僭越《せんえつ》だったのです。

明治の教学者、清沢満之先生は、「如来は、汝がために必要なるものを汝に付与したるにあらずや」と述べておられます。いかなる時代も、いただいたそのままをいただく心が、自分のいのちと向き合うことになるのです。

時代が進化・進歩して、人間が安定し、幸福になるのではないのです。いつの時代も、「今いただいたいのちが私」と、うなずくことが、私の心の安らぎであり、幸福なのです。昔の人は、今の文化に触れていないから不幸だというのは、大間違いです。私たちの使命は、今いただいた自分のいのちを、うなずくことなのです。

今年一年を振りかえり、「これが私の一年、いただきました」とうなずいて一年を終えることが、私たちの使命なのです。最近の人間文化は、「もっと幸福を」と思うあまり、今を否定し、いただいたいのちに、うなずくことを忘れているのではないでしょうか。

限りない欲望

先日、慶円寺に、とんでもない助っ人が導入されました。私の知らないうちに坊守（妻）が独断によって決めたようです。その名は「ソージー君」という一種の掃除ロボットです。通信販売で見つけたそうです。

直径約四〇センチ、高さは二〇センチほどで、コンパクトです。充電バッテリーで動き、先にセンサーが付いていて、基本はまっすぐ、何か物に当たるまで動きます。物に当たれば、それに沿って動きます。移動しながら、名前のとおり掃除をするのです。ホウキ付掃除機といえるでしょうか。廊下も部屋も、余分な物をどけて、ソージー君を動かしておけば、スイッチを切るまで、ひたすら掃除をし続けますから、確かにきれいになります。

このソージー君を見て、私はドキっとしました。仏さまから見ると、私たち人間は、このソージー君のように見えているのではないでしょうか。目の前の課題や欲求充足のために、絶えず動き、生活をして、それが止まることはありません。スイッチを切るまで、埃やゴミを吸い続けるソージー君と同じではないでしょうか。

毎日の生活の目標と思っていることは、はたして生きることとの目標といえるでしょうか。長生きすること、健康に暮らすこと、出世をすること、お金を貯めること、海外旅行をすることなど、確かに目標ですが、それらを得てどう生きるのですか。ソージー君は、そんなの関係ないのでしょう。掃除さえすればいいのです。私たち人間は、どうでしょうか。

親鸞聖人は、自分の生き方を『教行信証』「信巻」に、

悲しきかな、愚禿鸞、愛欲の広海に沈没し、名利の太山に迷惑して、定聚《じょうじゅ》の数に入ることを喜ばず、

と表明され、自らの生活に扇の要が必要であることを洞察しておられます。この扇の要こそ、お念仏ではないでしょうか。言い換えれば、この自分という人間に生まれ、この自分という人間を生きている喜びと感動をもって生きるということです。

私たちが目標と思っていることは、この私が、今ここに生かされてあるいのちをうなずくための縁なのです。ソージー君が掃除をし続けるのと同じように、あなたは、ただ働き、ただお金を儲け、ただ長生きするだけの生き方になってはいませんか。

非行非善ということ

昨年の暮れ、本堂で修正会《しゅしょうえ》の準備を私と坊守でしていたときのことです。内陣花瓶《かひん》の正月のお花は坊守が担当し、鏡餅のお供えと内敷掛けは私が担当しました。最後の掃除も済んで、お荘厳《しょうごん》が整って、ご本尊を拝みながら、私は「いいお鏡餅と内敷やなあ」といい、坊守は「いいお花が立ったなあ」と、ほぼ同時につぶやきました。自分が手がけたことにしか目がいかず、「やっぱり自分が一番可愛いんやな」と、お互いに指摘し合って、夫婦ともに苦笑いでした。

また、先日、病院の管理栄養士で、今年就職をした次女が、「初めてのボーナスをもらったから」と、私と坊守に少しばかりのお小遣いを送ってくれました。「娘も成長したものだ」と、私は思いましたが、坊守は、「お父さん、良い子に育ったなあ。私が育てたんや」と、自慢気でした。つい先日まで、なんやかんやと悩みごとをいってきたときには、「お父さんの子やろ。相談にのってやってよ」と、私に押しつけていた次女を自慢する坊守に唖然とした私でした。

私たちは、どこまでも思い上がりが強いようです。本堂のお荘厳にしても、次女の自慢にしても、「私が、私が」の思いに凝り固まっているのです。いずれのときも、思わずお念仏を口ずさんだ私がいました。

親鸞聖人は、『歎異抄』第八条に、

> 念仏は行者のために、非行《ひぎょう》 非善《ひぜん》なり。わがはからいにて行ずるにあらざれば、非行という。

と説いておられます。自分がはからい、努力して、なにごとも達成するのだとしか思えない本性の私に、仏さまのご本願は、念仏となって呼びかけてくださいます。

修正会のお荘厳の準備と、次女のことをとおして、「自分の本性に気づけたでしょう」「その本性を捨てられないあなただから、この願いをもってたすけてあげますよ」と、呼びかけてくださったのです。

念仏は、私が心地よく存在するための手段ではありません。どうしても自分の思い、充足を捨てられない存在である私を受容し、そのことを気づかせてくださっている仏さまの証なのです。

あとがき

二十一世紀の人々に、真宗のみ教えをどうしたら受け渡していけるのか案じているのは、私だけではないと思います。この不安を少しでも払拭できたらと、二十一世紀になって間もない二〇〇一年二月から、私の住んでおります慶円寺では、テレホン法話を始めました。「いつでも、どこでも、法話が聞ける」をキャッチフレーズに、約四分間の電話代だけ皆様にご負担いただいて、住職の至らぬ法話を応答専用の電話回線で、聴いていただくシステムで開始しました。

毎月一日と十六日の午前零時に法話を差し替えることにしました。根気のない私のことです、いつまで続くやらと思って始めたのですが、今年の一月で八年が経過し、合計して百九十二本の法話原稿ができました。毎回十五日間で、平均九十人ほどの方々が聴いてくださいました。

一日と十六日の午前零時過ぎに、毎回一番に聴き続けてくださっているあなた。

「いつも目新しい話題を法話に取り入れていただき、真宗のみ教えが、身近に感じられるようになりました」と、勇気づけてくださるあなた。

「人前では聴きにくいけど、携帯電話で、都合のいい時に一人で聴いています。元気もらっています」と、私に元気をくださるあなた。

あなた方のおかげさまで、今日まで続けてこられました。

この八年分のおかげさまを、ひとまずまとめてみようと、法藏館の和田真雄さんと満田みすずさんのお力を賜り、四十六本を選出して刊行の運びとなりました。かかわってくださった皆様に、御礼申し上げます。ありがとうございました。

刊行にあたって、二〇〇一年二月の法話から順に編集しました。法話の日時は消してありますが、いつごろの法話かを推測しながらご一読いただければ幸甚です。

なお、慶円寺のテレホン法話は、今後も毎月一日と十六日に差し替えながら、続けて参ります。この本をご一読いただいたあなたにも、今度はぜひ、電話で法話を聴いていただければ光栄の至りです。（慶円寺テレホン法話　☎〇五八四―二七―三三二五）

二〇〇九年二月

譲　西賢

譲　西賢（ゆずり　さいけん）

1953年岐阜県に生まれる。1975年名古屋大学教育学部教育心理学科卒業。1981年名古屋大学大学院教育学研究科教育心理学専攻博士課程後期課程満了。

現在、真宗大谷派慶円寺住職。真宗大谷派真宗本廟教化教導。岐阜聖徳学園大学教育学部教授。岐阜聖徳学園大学仏教文化研究所所長。臨床心理士・学校心理士。

著書『自分の「心」に気づくとき―カウンセリングの対話から―』（法藏館）

心に響く3分間法話
神も仏も同じ心で拝みますか

二〇〇九年五月一五日　初版第一刷発行
二〇一〇年五月三一日　初版第二刷発行

著　者　譲　西賢
発行者　西村明高
発行所　株式会社　法藏館
京都市下京区正面通烏丸東入
郵便番号　六〇〇-八一五三
電話　〇七五-三四三-〇〇三〇（編集）
〇七五-三四三-五六五六（営業）

印刷　立生株式会社　製本　清水製本所

ISBN 978-4-8318-8975-1 C0015
乱丁・落丁の場合はお取り替え致します